元気に老いる

実験心理学の立場から

行動科学ブックレット 4

日本行動科学学会 編
岡市洋子 著

二瓶社

目　次

第1章　加齢と心身の変化 …………………………………… 5
　第1節　年をとるということ ………………………………… 5
　第2節　脳の変化 ……………………………………………… 6
　　1）脳重 …………………………………………………… 6
　　2）加齢により影響を受けやすい脳部位 ……………… 7
　　3）神経細胞数の変化 …………………………………… 8
　第3節　生理・心理的変化 ………………………………… 12
　　1）体重 ………………………………………………… 12
　　2）平衡機能 …………………………………………… 13
　　3）反応時間 …………………………………………… 14
　　4）認知速度 …………………………………………… 14
　　5）時間認知 …………………………………………… 15
　　6）睡眠 ………………………………………………… 16
第2章　記憶と学習への加齢の影響 ……………………… 19
　第1節　ヒトでの実験 ……………………………………… 19
　　1）短期記憶 …………………………………………… 19
　　2）長期記憶 …………………………………………… 21
　　3）記憶に果たす手掛りの役割 ……………………… 23
　　4）感情を伴う記憶 …………………………………… 24
　第2節　サルの学習実験 …………………………………… 27
　　1）サルの実験でよく用いられる装置と課題 ……… 27
　　2）空間記憶課題 ……………………………………… 29
　　3）非空間的記憶課題 ………………………………… 29
　　4）視覚弁別課題 ……………………………………… 31
　第3節　ラットの加齢による学習障害と海馬 …………… 32
　　1）海馬とは …………………………………………… 33
　　2）加齢による海馬の変化 …………………………… 33
　　3）空間認知 …………………………………………… 35
　　4）作業記憶 …………………………………………… 37
第3章　生理的老化と病的老化 …………………………… 40
　第1節　正常老化 …………………………………………… 40
　　1）個人差 ……………………………………………… 41
　　2）老齢動物の対処方略 ……………………………… 43
　　3）百寿者 ……………………………………………… 45
　第2節　アルツハイマー病 ………………………………… 48

第4章　元気に老いるために ……………………………………… 50
　第1節　運動と知的刺激 ………………………………………… 50
　第2節　食事 ……………………………………………………… 53
　　1）食事量 ……………………………………………………… 53
　　2）多価不飽和脂肪酸 ………………………………………… 55
　　3）ブドウ糖 …………………………………………………… 57
　第3節　結び ……………………………………………………… 58

　文献…………………………………………………………………… 60
　あとがき …………………………………………………………… 64

表紙・扉　装幀　森本良成

第1章　加齢と心身の変化

第1節　年をとるということ

　生き物はみな、生きているかぎり、年をとる。加齢現象はヒトでもヒト以外の動物でも共通して見られる現象である。日本人の平均寿命は1930年代までは男女ともに50歳に達しなかったが、2005年には男性78.8歳、女性85.8歳と、ともに世界一である。2007年の推計では、日本では65歳以上の人口が総人口に占める割合は21.5％、80歳以上の人は700万人を突破した。しかしその一方で、1995年には126万人であった認知症患者が2020年には292万人に増加することが予想され（以上、数値は2005年厚生労働省推計）、年齢を重ねることはめでたいという正のイメージとは別に、加齢に対する負のイメージも大きい。

　たしかに、ヒトが年をとると、腰が曲がる、頭髪が薄くなる、しわが増える、足腰が弱くなる、など一見して老人らしい様子になる。このような身体的な変化はヒトに限ったことではなく、サルでもラットでも同じように生じる。サルの場合、顔などの体毛が白くなったり、抜けやすくなる。また、背骨が曲がる、歯が抜ける、活動性が低下し、バランスも悪くなる、など、ヒトの場合とよく似た老化の兆候を示す。ラットでも、若いころはしなやかで水を良くはじいていた毛が年をとると硬くなり艶がなくなる。加齢が進むと背中の毛が抜ける個体もいる。また、いつでも好きなだけ餌が食べられる飽食飼育された老齢ラットは下腹部に脂肪がつき、顔つきもたるんでくる。筋肉、とくに下肢の筋肉が弱くなり、後肢で立ち上がることが困難になる。このように「老人」の一般的様相はヒト、サル、ラット

などの哺乳類ではかなり共通する部分がある。

さて、「老人」とはいったい何歳くらいをさすのであろうか。ヒトでは、企業の定年が65歳になりつつあるので、65歳が一応の目やすと考えられる。サルでは、糸魚川（1982）は20歳以上を老齢としている。ラットでは24ヶ月齢以上を老齢群として用いる実験例が多い。筆者の研究室では飽食下で21ヶ月齢で半数のラットが死亡するというデータをもとに、21ヶ月齢以上を老齢ラットとするのが適切だと考えている。

ヒトは何歳くらいまで生きられるのであろうか。この100年あまりの間に日本人の平均寿命は緩やかに延び続け、いまや82歳（男女の単純平均）を越えている。それでは、このまま永久に延び続けるのであろうか。聖書によるとアブラハムは175歳まで生きたそうであるが、ギネスブックで世界最長寿記録として残っているのはジャンヌ・カルマンというフランス人女性で、122歳である。日本人では1986年に死亡した泉重千代という男性の120歳が現在のところ最長寿である。これらの記録やいろいろな学説を総合すると、ヒトの最大寿命は120歳くらいだといわれている。ここまで達成するのはかなり困難であろうが、「できるだけ元気に老いるためにはどうしたらよいか」ということを考えることが本書の目的である。

第2節　脳の変化

私たちが感じ、考え、行動できるのは脳の働きによる。「ココロ」は脳にある。私たちは心臓で恋をするのではなく、脳で恋をするのである。この意味で、加齢によって脳に変化が生じるならば、それは行動の変化に直結するであろう。

1）脳重

日本人の成人の脳重は男性で1,400グラム、女性で1,250グラムくらいである。一般的には40歳を過ぎるころから徐々に減少し始め、70〜80

歳くらいまでに100グラム程度減少すると言われている。しかし、死亡時まで活発な精神活動を続けていた人の脳重は減少しないという報告もあり、脳の重さは生前の栄養状態や疾病の有無がかなり関係するようである。

2）加齢により影響を受けやすい脳部位

　脳重が徐々に減少すると言っても、脳全体が一様に萎縮するというのではない。脳重が減少する主な理由は神経細胞や神経線維が減少するためであるが、図1-1に示すように、神経細胞が減少しやすい脳部位と、そうでない部位がある。感覚中枢やホルモン分泌に関する神経細胞はあまり失われないが、大脳皮質の前頭葉、脳幹の黒質や青斑核などでは加齢に伴い徐々に神経細胞が減少すると言われている。これらの部位は計画立案や関心の持続、あるいはやる気や運動などに関係する神経伝達物質を産出する重要な部位である。記憶と学習に関係することが知られている海馬は歯状

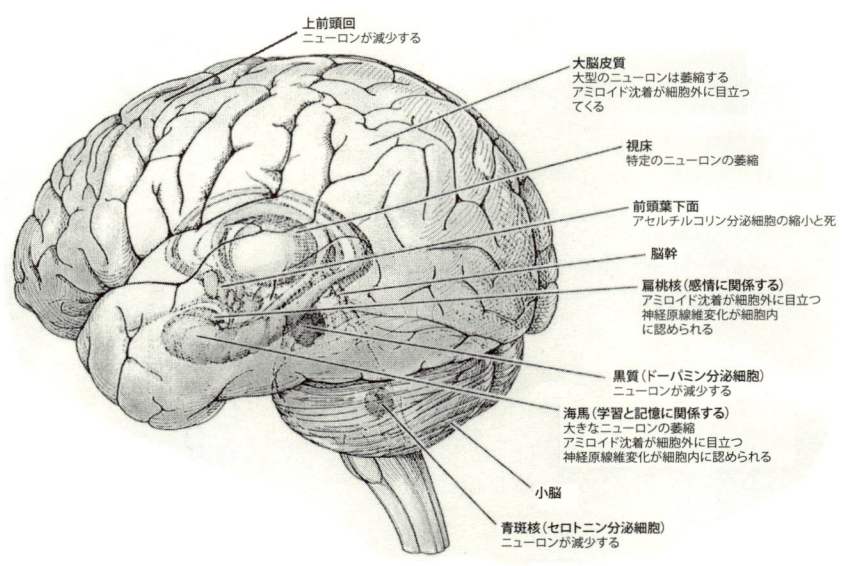

図1-1　加齢に伴う変性の著しい脳部位（Selkoe, 1992）

回とCA1-CA3領域に分けられ、CA領域と歯状回を構成する神経細胞はそれぞれ錐体細胞、顆粒細胞とよばれる。海馬はとくに病的老化による影響が大きい部分だと言われている（海馬とその下位領域については第2章第3節の図2-8を参照されたい。図2-8のAとCはラットのものであるが、ヒトでも基本的構造や名称は同じである）。

3）神経細胞数の変化

　ヒトでは1,000億個ともいわれる神経細胞を正確に数えることは不可能である。従来から用いられてきた方法は、脳を数十ミクロンの薄さに切り、高倍率の顕微鏡下で脳の領域ごとに数ミリ四方にわたって神経細胞の数を数えてその領域全体の細胞数を類推する、というものであった。

　しかし、ステレオロジーという最新の計測方法を使って細胞数を数えた研究では、正常な加齢では細胞数そのものは減少しない部位もある、と報告されている。この方法は、2次元の切片から3次元の物体の特性を統計学的に推定するものであり、サンプリングに偏りが少ないため、より正確な推定ができると評価されている。科学や医学分野でよく使われ、最近は多くの研究で脳内の細胞数や細胞密度の推定に用いられている。

　ステレオロジーにより海馬の神経細胞数を数えた研究は、海馬CA1からCA3までの下位領域や歯状回と門など海馬内の領域によって加齢の影響が異なることを示している。13歳から101歳までの認知症などが認められなかった健常なヒト（合計45名）の死後、海馬CA1の錐体細胞数を数えた研究では、この部位の細胞数はほとんど減少していなかった。しかし、ウエストら（West et al., 1994）の研究によれば、アルツハイマー病（AD）患者のCA1錐体細胞は、同年齢の健常老人に比べて大幅に減少していた（図1-2）。海馬の別の下位領域について調べた研究では、正常加齢による神経細胞数の減少が報告されている。13歳から85歳の健常なヒトの海馬台では52％、歯状回の門では31％の神経細胞が減少していた（West, 1993）。

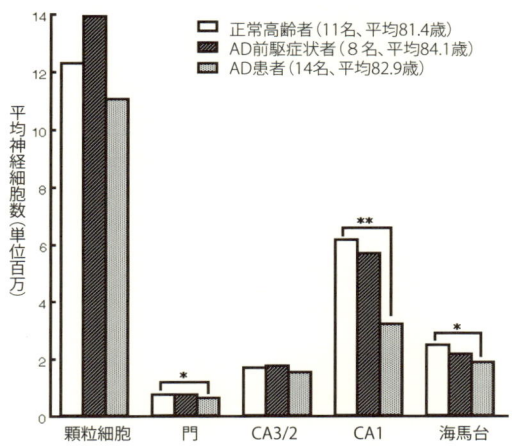

図1-2　健常老人とアルツハイマー病患者の海馬の神経細胞数
　（顆粒細胞は歯状回の細胞。門は歯状回の近くであるが錐体細胞でできている。歯状回の細胞以外は錐体細胞。AD患者では健常老人に比べてCA1領域では1％、歯状回の門領域と海馬台では5％水準で統計的に有意に神経細胞数が少ない。West et al., 1994）

　大脳新皮質については、灰白質と呼ばれる神経細胞の層では20歳のヒトに比べて90歳でも10％弱しか減少せず、グリア細胞は減少しない（Pakkenberg et al., 2003）。しかし、白質を構成する神経線維は減少する。神経細胞の軸索のうち、ミエリン鞘とよばれる脂質でおおわれている線維を有髄線維というが、有髄線維は20歳から80歳の間に45％ほど減少する（表1-1）（Marner et al., 2003）。有髄線維のなかでも、細い線維が主に失われるという。また、脳幹にある黒質という部位ではドーパミンという神経伝達物質を分泌する細胞が加齢とともに失われることがわかっている。そのために年とともに細かい運動が困難になるのである。
　ラットでも海馬は加齢による影響をもっとも受けやすい部位だと言われていた。しかし、ステレオロジーを使って海馬の神経細胞数を推定した研

表 1-1　大脳新皮質における有髄線維の総長
(Marner et al., 2003)

	20歳	80歳
男性	176,000km	97,200km
女性	149,000km	82,000km

究では、若齢ラットと27〜28ヶ月齢の老齢ラットの神経細胞数に違いがないという報告がある（Rapp & Gallagher, 1996）。彼らは、モリス型水迷路場所課題で若齢ラットと老齢ラットを訓練し、その後、プローブテストを行った（モリス型水迷路課題の詳細については第2章第3節を参照されたい）。これは、円形プールの水面下に隠された逃避台の位置を覚える課題である。正常な若いラットは20試行くらいの訓練で、プールのどの位置から水中に入れられても迷わず逃避台にたどり着けるようになる。このような訓練の後、逃避台を取り去って30秒から60秒ラットを泳がせるプローブテストを行う。ラットが逃避台の位置を覚えていれば、他の場所よりも逃避台のあった場所をより長い時間探索するはずである。この課題の遂行には、周囲のいろいろな物体と見えない逃避台との空間的な位置関係を認識する必要があり（これを空間認知という）、海馬が関係することがわかっている。老齢ラットも訓練により逃避台につけるようになるが、老齢ラットは若齢ラットに比べて逃避台を探す時間も距離も長く、プローブテストの成績も若齢ラットに劣る。

　第3章で詳しく述べるように、ラットも年をとると個体差が大きくなり、若いラットと変わらない学習能力を示す老齢ラットと、学習能力が悪くなる老齢ラットに分かれてくる。そこで、ラップとギャラガー（1996）は、モリス型水迷路場所課題で老齢群の成績が若齢群より劣ることを確認したうえで、プローブテストの結果から老齢群を成績の良い群と悪い群に分け、若齢群を加えて3群として、各群の海馬の神経細胞数を推定した。図1-3からわかるように、歯状回の顆粒細胞でもCA1やCA3の錐体細胞でも

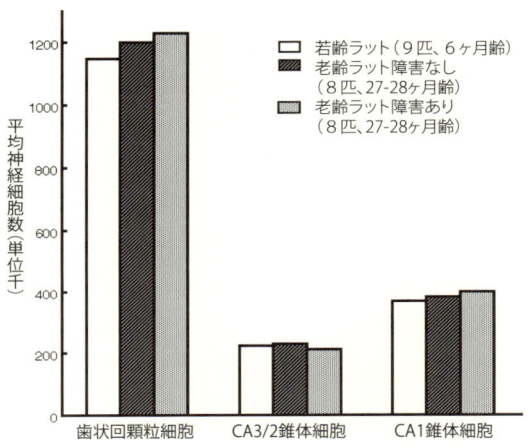

図1-3　ラット海馬の神経細胞数
（脳の片側のみ。Rapp & Gallagher, 1996）

3群に差はなく、加齢や空間認知能力と神経細胞数の間には関係がないという結果になった。

　神経細胞数が変わらないのに遂行が悪くなるというのはどういうことなのであろうか。神経細胞の数ではなく、神経細胞間の結合部位であるシナプスの数を調べた研究では、成績の悪い老齢ラットの海馬CA1のシナプス数は若いラットに比べて少なかったが、若いラットと同程度の学習を示した老齢ラットのCA1のシナプス数は若いラットと変わらなかったと報告されている。このような結果をもとに、ゲインズマン（Geinisman, 1999）は、重要なのは神経細胞の数よりも機能しているシナプスの数である、という考えを示している。彼は、加齢によりシナプス数が減少するか、あるいは機能していないシナプス（サイレントシナプス）数が増加するのではないかと述べている。

第3節　生理・心理的変化

1）体重

　最近、内臓に脂肪が蓄積して上半身肥満（これをりんご型肥満という）が目立つようになるメタボリックシンドロームという現象が社会的に注目されている。中年になり体重が増加することは多くの人が実感している悩みであろう。体重は個人差が大きいので一般論を述べるのは難しい。とくに、ヒトの場合、食事や運動に注意を払う人とそうでない人では体重に大きな差が出る。しかし、体重が増加する場合でもいつまでも増加し続けるということはない。健康な人でも一定の体重が数年から十数年続いた後、体重は徐々に減少に転じる。図1-4によれば日本人男性では30歳代、女性では40歳代をピークとしてそれ以後は減少傾向を示している。図1-5は筆者の研究室で飼育していたラットのデータである。自由に好きなだけ食べ、特に動き回ることをしないラットの場合、初老期である20ヶ月齢を過ぎると徐々に体重が減少してくる。しかし、ラットの体重も個体差がたいへん大きく、中には1キロを越える重さになるものもいる。

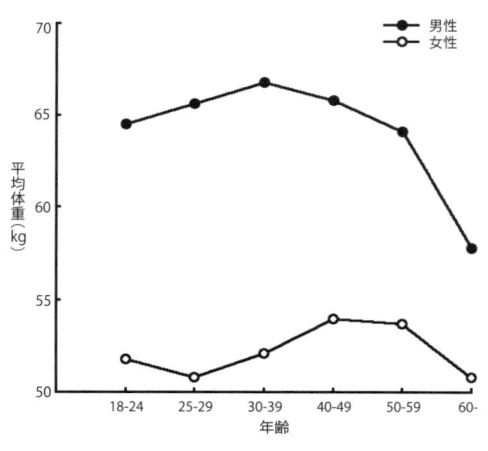

図1-4　日本人の平均体重
（人間生活工学研究センター資料）

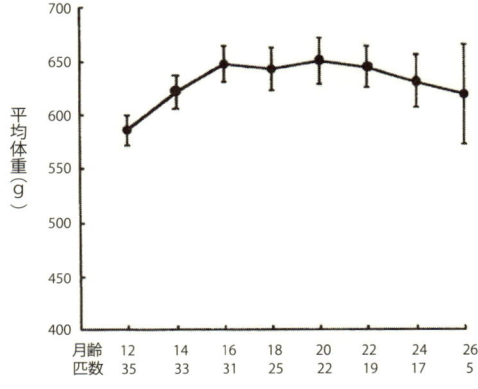

図1-5 ラットの体重と寿命
（自由摂食・摂水で飼育したウィスターラットのオス。匹数は36匹中、各月齢で生存していたラットの数を表す。エラーバーは標準誤差）

2）平衡機能

　高齢者にとって転倒は骨折、寝たきりなどを招きかねないたいへん危険なことである。転倒の原因には加齢に伴う筋力や筋・神経協調機能の低下などがあるが、平衡機能の低下も原因の1つである。平衡機能の指標のひとつである重心動揺の加齢による変化を図1-6に示した。これは眼を開けて足をとじ、60秒間立っている間に重心が移動した軌跡の外周面積を

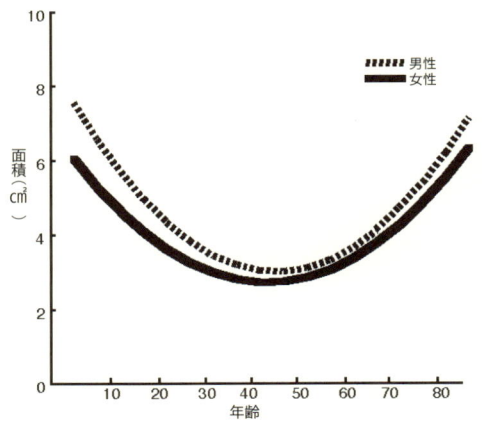

図1-6 平衡機能の変化
（重心動揺検査による外周面積の値。眼を開けた状態で60秒間立ち、重心が動いた軌跡によって描かれた範囲の面積を示す。男女間に統計的な差はない。今岡ら，1997）

示したものである（今岡ら、1997）。面積が少ないほうが安定して立っていることを示す。男女とも、40歳くらいまで動揺が減少し、その後、加齢とともに動揺が大きくなっている。

3）反応時間

　反応時間とは、刺激が提示されてから反応を起こすまでの潜時をさす。例えば、交差点で交通信号をじっと見ていて、信号が赤から緑に変わった瞬間にできるだけ速く足を踏みだすまでの時間が反応時間である。時任ら（2001）は20歳代の成人男性10名と60歳代の初期老齢男性10名に3種類の反応課題を行わせた。単純反応課題（刺激が聞こえたらできるだけ速く反応する）では両群に差はなかった。しかし、予告反応課題（予告刺激があり、それに続く反応刺激にできるだけ速く反応する）と選択反応課題（提示される刺激の中から標的刺激を選び、標的刺激にのみ反応する）に対する反応時間は、高齢者群は成人群より遅かった。予告反応課題と選択反応課題は認知を必要とする課題であり、これらの課題で高齢者群が劣っていたのは反応時間そのものではなく認知が加齢により影響を受けやすいためだと思われる。この点についてさらに詳しく見てみよう。

4）認知速度

　知覚や認知の速さは脳内での情報処理の速度を反映すると考えられ、他のいろいろな能力と同じく、加齢に伴って認知速度は徐々に遅くなる。しかし、認知テストの結果もまた、個人差が大きい。文化や知識などに影響されることの少ない認知テストの1つに色や単純な形の名前を言う課題がある。ウィグら（Wiig et al., 2007）は提示された色、形、色と形の両方を言う課題を15歳から95歳までの健常者に行わせ、答えるまでの時間を測定した（図1-7）。色や形が単独で与えられ、それに反応することは反応時間と考えられる。反応時間は色を答える方が形を答えるより一貫して短い。両者の複合を答える場合の認知時間は色と形を別々に答える反応時間よりも2倍程度長くなっている。そして、この3つの課題に答える時

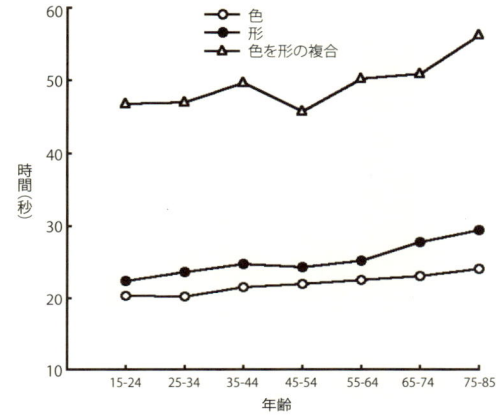

図1-7　認知速度の加齢による変化（Wiig et al., 2007）

間はいずれも30歳代をピークにわずかずつ長くなっていく。興味深いことに、色に対する反応時間は10年につき1秒ずつ長くなっているが、形に対する反応時間はその6倍、つまり、10年につき6秒ずつ長くなっているという。それが、複合課題になると加齢による影響は色に対する反応時間と同じ、10年につき1秒の遅れである。複合課題に対する認知時間の加齢による影響が相対的に少なかった理由として、ウィグらは、認知能力は個人差が大きいためではないかと考えている。

5）時間認知

多くの高齢者は「年をとるにつれて、1日、1年があっという間に過ぎ去るような気がする」と嘆く。こどもの頃は夏休みの1日にいろんな遊びができたのに、年をとると何かを始めたと思うともう日暮れが近くなっており、1日の短さを実感する。和田ら（2001）は、20歳代の大学生および50歳代から80歳代の入院患者（認知症や精神疾患は認められない患者）を対象に、時間作成法による主観的時間を測定した。この方法では、ブザーのスタート・ストップボタンを実験参加者が自分で操作することにより、

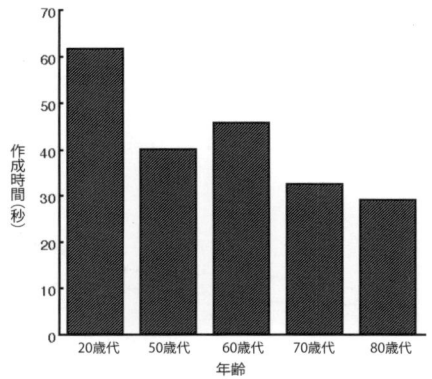

図1-8　主観的時間経過
（60秒ブザーを鳴らす課題。和田ら，2001）

5秒とか30秒とか、実験者が口頭で告げる時間を産出する。図1-8は、60秒の産出を求められたときに実験参加者がブザーを鳴らしていた時間である。20歳代ではほぼ60秒であったが、50歳代では40秒、80歳代では29秒にすぎなかった。この結果は、加齢により主観的時間経過が客観的時間経過より加速化することを示しており、高齢者が通常感じている「時間のたつのが速い」という感じが実験的にはっきり示されている。

6）睡眠

　平均的なヒトは一生のうち20年間は眠っており、少なくとも30万回、夢を見るといわれている。睡眠中は眠りの深さが周期的に変化する（図1-9）。眠りに入り、いったん深くなった睡眠が最も浅くなるとき、レム睡眠と呼ばれる睡眠相が現れる。レムとはRapid Eye Movement（急速眼球運動）のことで、レム睡眠の時には閉じたまぶたの下で眼球が急激に上下左右に動く。このとき、身体の筋肉は弛緩しているが、脳波は覚醒時に近い速く振幅の小さい波が出現する。そのため「身体は寝ているが脳が起きている状態」ともいわれる。レム睡眠以外の眠りはノンレム睡眠と呼ばれ、睡眠が深くなるにつれて振幅が大きくなり、周波数は少なくなる。ノ

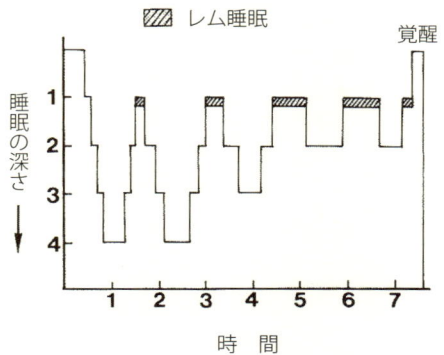

図1-9　成人の一晩の睡眠段階の変化
（絵ときブレインサイエンス入門。オーム社）

ンレム睡眠時には身体の筋肉は緊張状態にある。そのために「脳が寝ていて身体が起きている状態」といわれる。夢を見るのはレム睡眠のときが多い。脳波と眼球運動の研究から、本格的な睡眠と夢が出現するのは哺乳類になってからであることがわかっている。

　さて、われわれは何のために眠るのか。脳を休ませるためとか、昼間経験したことの情報を再構築し、記憶固定に役立つなどの説があるが、正確にはわかっていない。しかし、長時間眠らないと気分がいらいらし、作業の能率が落ち、ついには死にいたるので生命維持に必要であることは間違いない。そのように大切なものではあるが、睡眠がうまくとれない、という睡眠障害を訴える人が多い。日本人では5人に1人が不眠症だといわれている。なかでも、高齢者には不眠を訴える人が多い。図1-10は年齢別の睡眠の長さをレム睡眠とノンレム睡眠にわけて表示したものである（Roffwarg et al., 1966）。乳幼児期やこどもの時期を除いて19歳以降の成人期についてだけ見ても、たしかに総睡眠時間は加齢に伴って減少している。しかし、睡眠相の比率を見ると、総睡眠量に占めるレム睡眠の割合は減少し続け、その分、ノンレム睡眠の割合は増加する。ノンレム睡眠の量

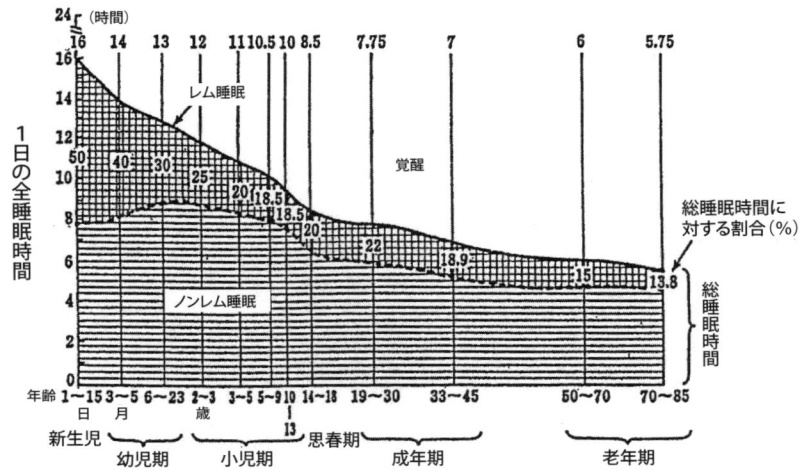

図1-10　睡眠の長さとレム・ノンレム睡眠の割合の変化
（Roffwarg et al., 1966）

は人生後半の長期にわたりあまり減少しない。しかし、ノンレム睡眠のなかでも徐波睡眠とよばれる深い睡眠は加齢により減少し、60歳代では10％以下になる。レム睡眠と徐波睡眠の減少が「年とともに眠れなくなった」という高齢者の睡眠への不満につながるのである。このような睡眠の問題への対処方法の1つに昼寝がある。高齢者に30分間昼寝をしてもらい、休憩と取っただけの同年齢の人と比較すると、午後の眠気が軽減したばかりでなく、血圧が適正化し、注意課題の正答率が増加するなどの効果があった。

第2章　記憶と学習への加齢の影響

第1節　ヒトでの実験

　加齢が心理機能に及ぼす影響のうち、多くの人が最初に実感するのは記憶への影響であろう。「最近物覚えが悪くなった」とか「人やモノの名前がすぐ出てこない」などという嘆きは老人とよばれるにはほど遠い壮年期の人からも聞かれる。しかし、記憶と一口で言っても働きや長さによっていろいろな種類に分けることができる。そして、加齢が記憶に与える影響も、記憶の種類によって異なる。

　記憶には記銘、保持、想起の3段階がある。覚えること、覚えておくこと、思い出すこと、と言ってもよい。このうちのどの段階で失敗しても最終的には「覚えていない」という記憶の失敗になる。また、記憶を長さで分けると、感覚記憶、短期記憶、長期記憶の3つに分けることが多い。感覚記憶は眼や耳などの感覚器官の興奮としてそれぞれの感覚器官に残っている間の記憶であり、約1秒間とたいへん短い。感覚記憶のうち、注意を向けられたものだけが脳内に送られ短期記憶になり、さらに短期記憶の一部が長期記憶として長く脳内に何らかの形で蓄えられ、必要なときに取りだされると考えられている。数分以上の記憶はすべて長期記憶として分類される。

1）短期記憶

　短期記憶は一般には、電話をかけるときに電話番号帳で番号を調べ、その番号のボタンを押す間、覚えておくような記憶といわれ、数十秒から1分程度の記憶である。相手が電話に出て話をするときにはもう忘れている。

（絵　広瀬明生）

図2-1　視覚刺激と聴覚刺激を同時に提示する実験の様子
（Broadbent & Gregory, 1965）

短期記憶は加齢による影響を受けやすいと言われるが、課題によりその影響は異なる。実験者が言う単語や数列を単純に復唱するような課題は若い人とほとんど変わらないが、逆唱を求められると高齢者は障害を示す。ブロードベントとグレゴリー（Broadbent & Gregory, 1965）は16歳以下から45歳以上にわたる5つの年齢群の実験参加者に、数字・アルファベット・数字（例えば4B9）を視覚的に提示し、同時にアルファベット・数字・アルファベット（例えばP3T）を聴覚的に提示して、直後にまずアルファベット（BPT）を、続いて数字（493）を再生させる課題（図2-1）を与えたところ、年齢の増加とともに成績は悪くなった。しかし、同じ実験参加者たちに6個の数字を視覚的に提示して再生を求めた場合は年齢の効果は見られなかった。また、電球とそれに対応するボタンが12対ならんでおり、光のついた電球に対応するボタンを押す課題では高齢者群は障害を見せなかったが、前の試行で光のついた電球のボタンを押すように言われると、高齢者群の成績は成年群よりも悪くなり、さらに、2試行、あるいは3試行前に光のついた電球のボタンを押すように言われると成績は急激に低下した。これらの研究は、高齢者は注意の分散が要求される課題や、入力された情報を反応前に再構築することを求められる課題では短期

記憶の障害を示すが、単純な短期記憶課題の遂行は成年と変わらないことを示している。

また、高齢者は出来事の順序に関する記憶が悪くなると言われる。しかしセクラーら（Sekuler et al., 2006）は数秒間であれば順序記憶は悪くならないと報告している。彼らは、成年群（平均22歳）と老齢群（平均71歳）にまず3つの図形を順に提示し、4秒後にテスト図形を提示して、テスト図形が先程提示された3つの図形の中にあったかどうか、あったとすれば何番目にあったか、と質問した。その結果、両群の成績は変わらず、4秒くらいの間なら、順序の記憶は加齢による影響を受けなかった。

2）長期記憶

長期記憶は数時間から数年、時には一生にわたる記憶であり、その量は膨大でその内容もさまざまである。研究方法も、実験参加者に実験室に来てもらって単語や数字を覚えてもらうような統制のとれた実験室実験から、生涯にわたる記憶を回想してもらうような人生経験に密着した方法までたいへん幅広い。また、異なる年齢群の結果を比較する横断的研究の結果と、1人のヒトを数年にわたって追跡して加齢の影響を研究する縦断的研究がある。20歳代の若い人から後期高齢者まで幅広い年齢層の人を対象とした横断的研究は、能力差が大きいため同じ課題で比較することが困難な場合がある。また、年齢層が広いと実験参加者の文化的・社会的背景が異なる場合もあり、群間で統一できない要因も少なくない。縦断的研究ではこれらの問題が生じないが、実際に何年もの間、同一人を研究し続けるのは、研究者にとっても実験参加者にとってもたいへんなことであり、予算的にも困難なことが多い。

想起の研究では、再生と再認という2つの手続きがある。再生は記憶したことを手掛りなしに思い出してもらう方法であり、再認は何らかの手掛りがある条件で、記憶したことを思い出してもらう方法である。試験の時、「次の文中の空欄を埋めよ」というのは再生課題であり、「下記の語群から

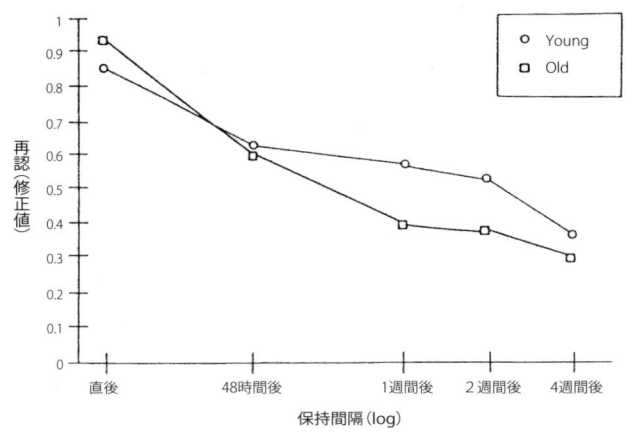

図 2-2 　線画の再認テスト（Park et al., 1988）

適切なものを選んで次の文中の空欄を埋めよ」というのが再認課題である。高齢者の記憶を測定すると、再生課題では高齢者は成年に劣るが、再認課題では成年と変わらない記憶を示すといわれている。

　パークら（Park et al., 1988）は成年群（平均年齢18歳）と高齢群（平均年齢68歳）に50枚の線画を順に見せ、提示直後、48時間、1週間、2週間、4週間後に20枚の絵（最初に見せた50枚のうちから10枚、新しい線画を10枚）の中から最初に見た絵を選んでもらうという再認テストを行った（図2-2）。高齢群の成績は2日後のテストまでは成年群と変わらなかったが、1週間以上を経過すると悪くなった。

　長期記憶とは言えないが、再認と再生を同じ記憶材料を用いて検討した研究がある。ショーンフィールドとロバートソン（Schonfield & Robertson, 1966）は5つの年齢群の実験参加者に対して24個の単語を順次提示し、その直後に自由再生または再認をさせた。再認では24個の単語に新しい単語を4個加えて28個の単語リストを作り、先の学習時にあった単語かどうかを答えさせた。結果は図2-3に見られるように、再認課題で

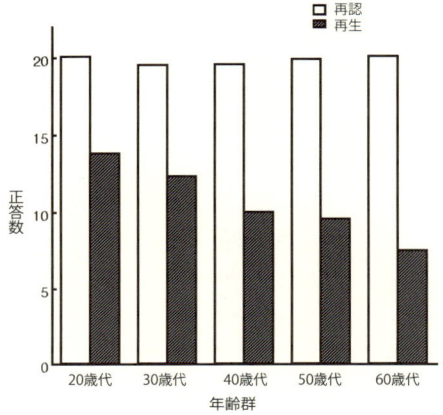

図2-3 単語の再認と再生テスト
（Schonfield & Robertson, 1966）

は加齢の影響は見られないが、自由再生では年齢とともに成績が低下している。年をとっても再認は悪くならないという結果は先のパークらの結果と一致する。

3）記憶に果たす手掛りの役割

再認課題はテスト段階で与えられる刺激の中に正答が含まれているので、この正答刺激そのものが思い出すための手掛りとなる。つまり、何らかの手掛りがあれば高齢者の想起はそれほど悪くないということである。ウイングフィールドらの実験（Wingfield et al., 1998）では、いくつかのカテゴリーからなる単語リストを記銘させ、自由再生させる条件と、カテゴリー名を手掛りとして与えて再生させる条件を比較した。自由再生条件では老齢群の成績は若齢群より劣るが、手掛りつき再生条件では2群の成績に差はなかった。

また、再生課題であっても自分の過去経験を有効に使える場合には高齢者の成績は大学生に劣らない。カステル（Castel, 2005）は40枚の食料品の絵の半数におおよそ市場価格と合う値段をつけ、残りの半数には通常の

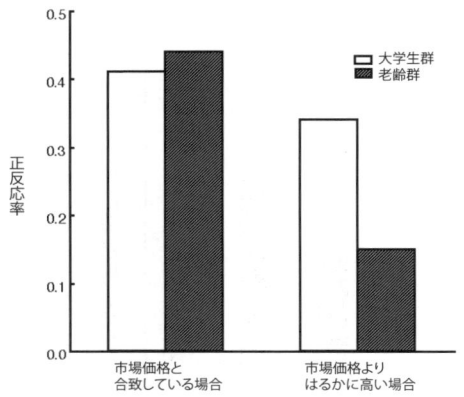

図2-4　食料品の価格の再生テスト（Castel, 2005）

価格の数倍の値段をつけて実験参加者に提示し、それぞれの食料品とそれにつけられた値段を覚えさせた。その後、食料品の絵だけを見せて、つけられていた値段を思い出してもらった。その品物にしては非常識な値段をつけられていた場合には、高齢者の価格の記憶は大学生に比べて大きく劣ったが、食料品市場価格と合致する価格をつけられた場合には大学生の記憶と変わらなかった（図2-4）。過去経験も一種の手掛りと考えれば、高齢者は大学生に比べて手掛りが豊富だと考えられ、そのために一般には加齢の影響を受けやすいと考えられている数字の記憶が悪くならなかったのであろう。

このように、手掛りが与えられたり、自分でカテゴリーを作るなど、何らかの方法で手掛りを作り出すことができると高齢者の記憶は悪くないが、そのような手掛りを自発的に作り出すこと自体が高齢者は苦手だという研究もある。

4）感情を伴う記憶

ある出来事が感情に彩られるとよく記憶される。これを情動による記憶促進効果といい、実験室における実験でも日常生活における出来事でも確

認されている。記憶における情動の効果の研究は成人を対象としたものが多く、加齢が情動に与える影響や情動による記憶促進効果についての研究は少なく、結果は必ずしも一致していない。

　一般に、情動喚起刺激に対する主観的反応は加齢により変化しないが、心拍、指先の温度、皮膚伝導レベルなどで測定される自律反応は弱くなるといわれている。しかし、中高年の人が家族の死や自分の病気を知るなどの悲しい状況に陥る映像を見せた実験では、60歳代の高齢群は20歳代の成年群に比べてより強い主観的悲しみを表明し、自律反応は両群で同程度の反応強度を示した。この結果は、老齢者は自分と年代の近い人が辛い思いをするときには、そうでない人が対象となるよりも心理的にも生理的にもより強い反応を示すことを示唆している。

　情動を喚起する刺激そのものは、記憶促進効果のためによく覚えられるが、同時にそのような刺激は注意を狭くする効果を持っている。そのため、周辺情報に注意がいかず、周辺情報の記憶は弱くなる。これをトレード・オフ効果という。例えば、ナイフを持った男に襲われたとき、注意はナイフに注がれるので、男の顔は周辺情報になり、案外、記憶されにくい、という現象がある。ケンジンガーたち（Kensinger et al., 2005）は、加齢が情動喚起シーンの記憶に与える影響を研究した。実験材料として、恐怖や悲しみなどのネガティブな感情を喚起する物体が中心にある写真と、ネガティブ感情を喚起しない中性的な物体が中心にある写真を20枚ずつ用意した。それらの写真にはそれぞれ中性的な背景が写っていた。そして、20歳代の成年群と70歳代の老齢群の実験参加者にこれら40枚の写真をコンピュータモニターで1枚ずつ見せ、その15分後に再認テストを行った。最初に写真を見せるとき（これを学習段階という）、1群の参加者には後で記憶テストを行うとは言わない偶発的記憶条件で行い、他の1群には後で記憶テストを行うからよく見るように、と伝える意図的記憶条件で行った。再認テストでは、中心物体と背景を別々にテストした。ネガティブ中

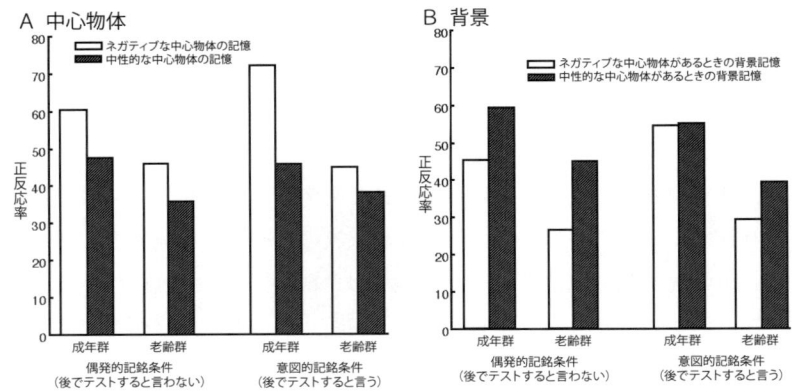

図2-5　負の情動を伴うシーンの記憶（Kensinger et al., 2005）

心物体と中性中心物体それぞれについて、学習段階で見せられた20枚に加えて新しい写真が20枚ずつ背景なしで提示された。背景も中心物体なしで、学習段階で見せられた40枚に新しい写真が40枚加えられて、再認テストでは合計160枚の写真が使われた。再認テストの結果、中心物体の写真（図2-5A）でも背景の写真（図2-5B）でも、また、中心物体の写真が情動的にネガティブでも中性的でも老齢群に比べて成年群の正反応率が高い。また、中心物体についての記憶は、偶発的記憶条件でも意図的記憶条件でも、老齢群でも成年群でも中性的物体よりもネガティブ情動を喚起させる物体の記憶がよく、情動による記憶促進効果が見られる。そして、偶発的条件では老齢群も成年群も、中心物体写真の正反応率と背景写真の正反応率の間にトレード・オフ現象が見られる。つまり、中心物体の正反応率が高いとき（ネガティブ物体のとき）には背景写真の正反応率が低く、中心物体の正反応率が低いとき（中性物体のとき）には背景写真の正反応率が高くなっている。それが、意図的記憶条件になると、成年群にはネガティブの中心物体と背景との間にトレード・オフが見られなくなる。一方、老齢群ではトレード・オフが認められる。この結果は、老齢群は後でテス

トをすると言われてもネガティブな物体の記憶が強く残り、そのために周辺部に注意が行き届かないことを示しており、高齢者は若い人よりもむしろ情動の影響を受けやすい面があることを示唆している。

第2節　サルの学習実験

　動物園でサルのエリアへ行くと実にいろいろな種類のサルがいて、その種類の多さに驚かされる。しかし、通常サルというと、ニホンザルのような尾のあるサルをさす。チンパンジーやオランウータンなどの類人猿の尾は外からは見えない。実験でよく用いられるのはマカカ属のサルである。京都の嵐山や比叡山などで見かけることのあるニホンザルや、カニクイザル、アカゲザルなどもマカカ属である。ここではマカカ属のサルの実験について紹介する。サルはわれわれヒトと同じ霊長類に属するので、老齢ザルを使った認知機能の研究はヒトの加齢研究の動物モデルとして重要である。

1）サルの実験でよく用いられる装置と課題

　サルの認知機能を調べる実験でしばしば用いられる装置にウィスコンシン汎用テスト装置（WGTA）がある（図2-6）。サルの実験用檻の前に置かれる刺激提示板には刺激物体や報酬をいれるための浅い穴が2個あるいは3個並んでいる。

　この装置を使ってさまざまな課題が考えられている。図2-6Aは視覚弁別課題の例である。サルはある決まった形や色の刺激物体を覚えておき、提示された2個の刺激物体から決められた物体を選ぶと、その下に報酬がある。実験条件が変わらないかぎり、同じ刺激物体を選択すれば報酬がもらえる、という物体に関する参照記憶（ひとつの課題を遂行するために常に必要な記憶。実験者が決めた反応や課題遂行のためのルールなどを覚えることも参照記憶である）を調べるために使われる。

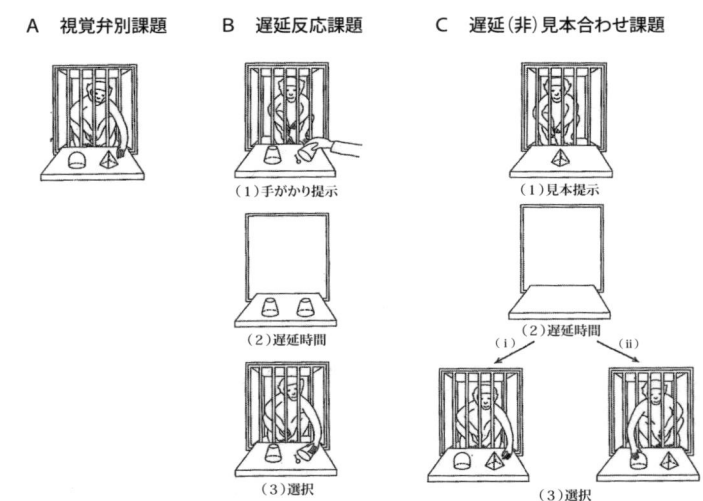

図2-6 サルで用いられるウィスコンシン汎用テスト装置(WGTA)
(渡邊, 1994)

　図2-6Bは遅延反応課題の手続きを示している。まず、見かけの同じカップの片方の下に報酬を隠すところをサルに見せる。そして一定の遅延時間後の選択段階で先程と同じ位置にあるカップを選べば正解で、報酬が取れる。報酬カップの位置はランダムに変化するので、遅延の間サルはその位置を覚えておかなければならない。これは空間に関する作業記憶(ひとつの課題のひとつの試行を遂行するために必要な記憶。次の試行にうつると、先の試行で用いた作業記憶はむしろ新しい試行の遂行には邪魔になるので、1試行ごとにリセットされる必要がある。作動記憶とかワーキングメモリーということもある)をテストする課題である。この課題の場合、報酬カップの位置は試行ごとに変化するので、先の試行での報酬カップ位置を覚えていると現在の試行を正しく遂行するためには妨害となる。

　図2-6Cは遅延見本合わせ課題(ⅰ)と遅延非見本合わせ課題(ⅱ)の手続きである。まず、1つの物体(見本刺激)が提示され、一定の遅延

時間の後で提示される複数の物体（選択刺激）から見本と同じ物体（見本合わせ）あるいは見本とちがう物体（非見本合わせ）を選ぶことが要求される。見本合わせ課題でも非見本合わせ課題でも、最初の見本提示段階で提示された物体を覚えておかなければならないのでモノに関する記憶を調べる課題であり、また遅延の間、その記憶を保っておかねばならないことから、作業記憶課題でもある。見本刺激は試行ごとに変わるので、先の試行での見本を覚えておいても役に立たないのである。

2）空間記憶課題

環境中を動き回ることが生活する上で必須である動物にとって、空間記憶は生存にかかわる重要なことである。久保（2000）は老齢ザルの認知機能を調べた多くの研究を分析して、老齢ザルは実験室でなされる遅延反応課題や遅延再認記憶容量課題（DRMT）などの空間記憶課題の遂行に障害を見せる、と結論づけている。DRMT はヘンドンら（Herndon et al., 1997）が行った課題で、18個の穴のある WGTA を用いる。報酬のある穴をフタで示すが、報酬をとった後、その穴はフタをされた状態である。従って、試行を重ねるたびにフタが増えていく。サルは先に報酬を取った位置にあるフタを取ることなく、新しい位置にあるフタを取らなければ報酬が得られない。つまり、試行を重ねるにつれて記憶負荷が大きくなる課題である。これらの課題を用いたほとんどの研究で、老齢ザルの遂行は若いサルに比べて劣っていた。このことは、老齢ザルは加齢によって空間記憶が悪くなっていく、とも解釈できる。しかし、これらの課題はいずれも作業記憶を必要とする遅延課題であるので、老齢ザルは空間記憶ではなくて、作業記憶が低下しているのかもしれない。そこで、非空間的な課題で老齢ザルの作業記憶を検討する研究と比較してみよう。

3）非空間的記憶課題

この問題を解決するために、ヘンドンら（1997）は同じ装置を用いて色についての DRMT を行った。これは先にあげた、次々と増えていく位置

を覚える課題と同じ手続きであるが、報酬をとった後の穴は色つきのフタをする。試行を重ねるたびに色が増えていき、サルはこれまでの試行で使われた色を覚えておいて、新しい色に反応しなければならない。なお、空間記憶を排除するために、色つきフタの位置は先に報酬を取った位置とは関係なくランダムに動かされた。空間的 DRMT で障害を見せた 24 歳以上の老齢ザルはこの色による DRMT では若いサルと同等の成績を示した。この結果から、空間的 DRMT での老齢ザルの障害は作業記憶の障害というよりは空間記憶の障害と考えられるであろう。

　非空間的記憶課題でしばしば用いられるのが遅延見本合わせ、または遅延非見本合わせ課題である。図 2 - 6C に示したように、見本刺激提示後に遅延期間が挿入されるので、その間見本刺激を覚えておき、選択刺激が提示されたときに見本合わせ課題なら見本と同じ刺激を、非見本合わせ課題なら見本と異なる刺激を選ばなければならないので、やはり作業記憶が関係する。見本合わせでも非見本合わせでも同じであろうと思われるかもしれないが、非見本合わせの方が記憶負荷が大きく、課題としては困難なのでこちらを用いることが多い。また、この課題は限られた数個の物体を繰り返し刺激物体（見本物体や選択物体）として用いる方法と、多数の物体を用意して 1 つの物体は 1 回しか刺激物体として使わない方法がある。後者の方法をトライアルユニークと呼ぶ。ラップとアマラル（Rapp & Amaral, 1989）はトライアルユニークと 2 個の物体を実験中繰り返し使用する 2 つの方法で遅延非見本合わせを 22 歳から 26 歳の老齢ザルに訓練し、若いサルの成績と比較した。その結果、トライアルユニークの場合は遅延が 22 時間と長時間になっても老齢ザルの成績は若いサルと変わらなかった。しかし、2 つの刺激物体の繰り返し使用では 10 〜 15 秒の遅延では両群に成績の差はないものの、30 秒から 60 秒の遅延では老齢ザルの成績は著しく劣った（図 2 - 7）。同じ手続きであるにもかかわらず用いた刺激の数だけでなぜこのように結果が異なるのであろうか。その理由と

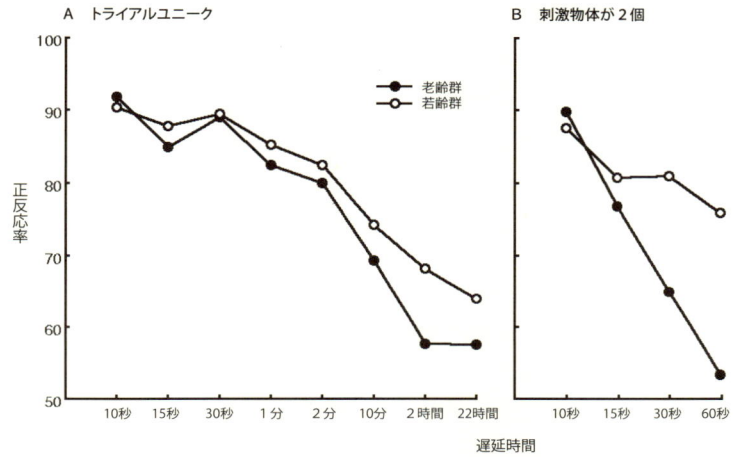

図2-7 WGTAを用いた遅延非見本合わせ課題の成績
（Rapp & Amaral, 1989）

して、同じ物体を繰り返し刺激として使用した場合には試行間に前向性干渉が生じるためだと考えられている（久保、2000）。つまり、その刺激を見たことはあるが、いつ見たのか、最新の試行で見たのかあるいは以前の試行で見たのか、という時間的文脈に混乱が生じる、というのである。ヒトの場合でも、高齢者は順序の記憶が混乱しがちだと言われているが、サルの場合も同様のようである。

これらの結果を総合すると、空間認知を必要としない課題では作業記憶が必要であっても加齢の影響は少ないが、刺激を繰り返し使用するタイプの遅延非見本合わせ課題では加齢の影響が大きいといえる。

4）視覚弁別課題

視覚弁別課題（図2-6A）は先に述べた遅延の挿入される作業記憶課題と異なり、参照記憶によって解決する課題である。刺激材料として色、図形、物体のいずれの属性を弁別させる実験でも、加齢による影響は報告されていない。しかし、正しい刺激が提示されたときのみ反応し、正しくな

い刺激のときには反応を控える必要のある Go/No-Go 課題と呼ばれる課題では老齢ザルは障害を見せることがある。これは加齢により反応抑制能力が低下するためだと考えられる。

　これらの老齢ザルによる実験結果をまとめて久保（2000）は、空間認知機能、情報を時間的に統合する機能、反応抑制機能が加齢により影響を受けやすい、と結論している。

第3節　ラットの加齢による学習障害と海馬

　ラットやマウスはもっとも身近な実験動物である。日本語でネズミといえば、繁華街のドブなどで見かけることのある大きなネズミと、頭の先から尾までいれても 10 センチにみたないハツカネズミの両方を指す。心理学の実験で使う動物としては前者をラット、後者をマウスとよんで区別しているが、どちらも齧歯目ネズミ科の動物である。大きさが全く異なり行動特性も微妙に異なるが、両者の間に習性、学習能力、脳内の構造物の配置などに大きな違いがないことから、だいたい同じ課題を学習できる。

　ラットやマウスは学習実験だけでなく、生理心理学や神経科学に欠かせない存在である。生理心理学や神経科学は、行動の背後にある生理・神経学的メカニズムを解明しようとする学問である。そのために、脳の一部を手術したり電気刺激を与える、あるいは薬物を投与するなどして、学習や行動への影響を調べる。もちろん、動物を用いてこのような研究を行う場合には、動物福祉に注意を払い動物倫理規定にのっとってなされることが実験者に要求される。

　ここでは主に生理心理学的手法を用いて、加齢がラットやマウスの学習にどのような影響を及ぼすか、それは脳内の構造物の1つである海馬の加齢による変化とどのような関係にあるか、ということを中心に考えてみよう。

A ラットの脳の冠状切片　　B タツノオトシゴ　　C ラットの脳の水平断面

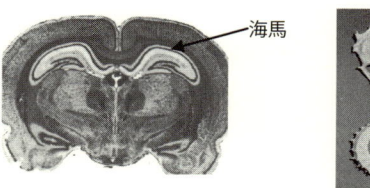
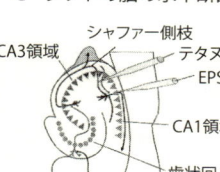
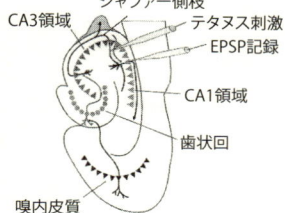

図2-8　ラットの海馬とタツノオトシゴ

1) 海馬とは

　海馬は記憶に関係する脳内構造物の1つとしてよく知られている。発生学的に古い原皮質に属し、哺乳類は勿論、鳥類や魚類にも海馬に相当する器官がある。ラットやマウスでは大脳の中ほどに大きな位置を占めているが、ヒトでは大脳新皮質が発達したために大脳の下方の内側に押し込められた格好になっている。図2-8Aはラットの脳の内部の写真である。アルファベットのUの大小を組み合わせたようなものが上方左右に見えるが、これが海馬である。全体としては脳の前方から後方へ向かってバナナのようにカーブしており、その形がタツノオトシゴ（図2-8B）の尻尾に似ている。タツノオトシゴは英語で"sea horse"であるから、その訳語として日本語では海馬とよばれている。図2-8Cは海馬とその関連領域の水平断面の図である。第1章第2節で述べた海馬下位領域が分かりやすく描いてある。事故や病気のために海馬を手術された患者が重い記憶障害を起こしたことから、記憶との関係で注目され、それ以来、ラットやマウスでたくさんの研究がなされている。

2) 加齢による海馬の変化

　第1章で述べたように、従来の研究では加齢により海馬の神経細胞数が減少すると言われてきたが、ステレオロジーによる計測では細胞数そのものは変化しないという報告が多い。しかし、機能しているシナプス数は加

齢により減少すると考えられ、そのために学習や記憶に影響が出ると思われる。重要なのは細胞数よりもシナプス数であるらしい。神経細胞はシナプスを介してネットワークを形成することにより情報を処理しているので、機能しているシナプスが少ないと脳内の情報処理に支障をきたすことになる。

　何かを学習し、記憶するということは、どのような脳内メカニズムによってなされているのだろうか。同じ刺激を繰り返し与えるとシナプスの形や数に変化が起き、情報の伝達効率が良くなる。この現象をシナプスにおける長期増強（Long-Term Potentiation; LTP）とよび、神経細胞レベルでの記憶のモデルと考えられている。LTPは現在では海馬以外でも起きることがわかっているが、最初に発見され、もっともよく研究されているのは海馬でのLTPである。LTPの実験では、海馬内のネットワークの一部（情報の送り手側の軸索）に高頻度の電気刺激（1秒間に100回程度。これをテタヌス刺激という）を与えた後に時間間隔をおいて通常のテスト刺激を与え、テタヌス刺激を与えられた軸索がシナプスしている情報の受け手側の部位で電位変化を測定する。

　図2-9は、脳から薄く切り出した海馬のスライス上で、海馬CA3からCA1に枝（軸索）を延ばしているシャファー側枝をテタヌス刺激し、CA1で反応を記録したものである（図2-8Cを参照のこと）。テタヌス刺激により、テスト刺激に対するCA1での反応が若齢群では約4倍になっており、その後もテタヌス刺激前の2倍以上の電位変化を保っている。それに対して、老齢群では約1.5倍の増加を示しているだけである（アラキドン酸添加餌群については第4章第2節で述べる）。この結果は、22ヶ月齢の老齢ラットは若齢群のラットに比べてLTPの生起が悪いことを示している（Kotani et al., 2003）。そして、これらの老齢ラットは、LTP測定前にモリス型水迷路場所課題で訓練されていたが、その成績も明らかに若齢群より劣っていた。これらの結果は、行動で調べた空間認知と脳内での

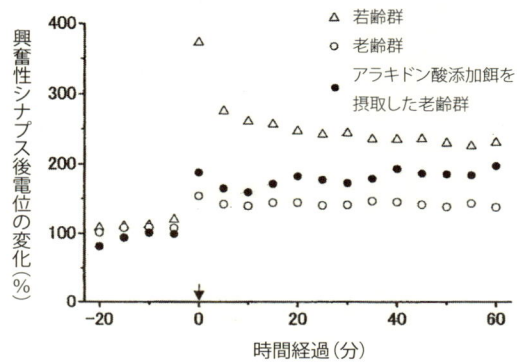

図2-9 海馬LTPに与える加齢および摂取飼料の影響
（横軸の0の上の矢印はテタヌス刺激を示す。図中の値は通常刺激に対する電位を5分ごとに表したもの。Kotani et al., 2003）

神経細胞間の情報伝達効率の変化が対応していること、そのいずれもが加齢により影響を受ける、ということを示している。

3）空間認知

空間認知を必要とする学習課題の典型的なものはモリス型水迷路場所課題である。第1章第2節で述べたように、この課題は空間認知機能を調べるためにたいへん優れた課題である。円形プールに水を張り、その水面下に逃避台を置く。ラットは逃避台を探し当てない限り、実験者が決めた時間（通常は60秒か120秒）、プールの中を泳ぎ回らなければならない。ラットは生まれつき泳ぐのが上手であるが、好きではない。水上には目印がないので、直接目印に向かって泳ぐという方略（手掛り方略という）は使えない。また、プールの縁のいろいろな場所からラットを水に入れるので、決まった方向に身体を向けて泳ぐという方略（反応方略という）も有効でない。プールの周囲にあるいろいろな物体との関係から逃避台の位置を覚える、という場所方略が唯一の有効な方略である。この課題で老齢ラット

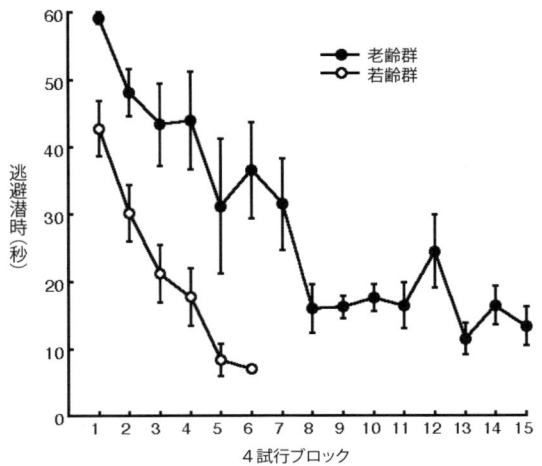

図2-10　モリス型水迷路場所課題での逃避潜時（岡市，2002）

は若いラットに比べて学習が劣ることが多数の実験で報告されている。図2-10は筆者が行った場所課題実験の逃避潜時（ラットを水に入れてから逃避台につくまでの時間）であるが、1日4回の訓練を6日間行った結果、若いラットは7秒くらいで逃避台にたどり着けるようになった。しかし、24ヶ月齢の老齢ラットは15日間の訓練でも若齢群には到底およばず、一番速いときでも11秒以上かかった（岡市、2002）。しかし、逃避台の一部が水面上に出ている場合には（モリス型水迷路手掛り課題）、逃避台の位置が固定されていなくても、老齢ラットも若齢ラットと同じ程度の学習を示すということがわかっている。つまり、水上のもの＝逃避台という単純な連合を覚える課題では老齢ラットでも障害を見せないのである。

　モリス型水迷路場所課題は空間的位置を学習する課題であるが、非学習性の課題でも老齢ラットは空間認知が弱い、という報告がある。ラットは生まれつき好奇心が強く、見慣れないものには接近し、馴れると接近が減少する。この性質を利用する課題が物体探索課題である。シキットヘイル

ら (Shukitt-Hale et al., 2001) は円形のオープンフィールドに5個の形の異なる物体を配置して老齢ラットと成年ラットに探索させた。1試行を6分間とし、3分間の試行間間隔をおいて、合計8試行行った。1試行目は装置馴致であり、何も置かない。2〜4試行目は5個の物体が決まった位置に置いてある。老齢群も成年群も始めは物体への接触量が多いが、試行を繰り返すに伴い、接触量が減少した。両群とも物体への馴れを示したのである。5試行目に2個の物体の位置を変えたとき、位置変化物体への接触は成年群の方が老齢群より多かった。7試行目で5個の物体のうちの1個が新奇な物体と取り換えられたとき、両群とも新奇物体への接触が多くなり、群の差はなかった。これらの結果からシキットヘイルらは、老齢ラットは物体認知は成年ラットと変わらないものの、空間認知が劣ると報告している。

4）作業記憶

サルの作業記憶は加齢の影響を受けやすいと第2節で述べたが、ラットでも同様の結果が報告されている。8方向放射状迷路はラットの作業記憶を調べる典型的な課題である。これは直径20センチくらいの中央プラットホームから70センチくらいの長さの走路が8本、放射状にでており、各走路の先端には報酬がある。もっとも効率良く報酬を摂取すると8回の走路選択ですべての報酬が取れる。いったん餌を取ってしまった走路に再度進入するとエラーと数えられる。ある試行でどの走路をすでに選択したか、どの走路はまだ選択していないかということを試行ごとに覚えておかなければならないので、作業記憶が必要である。先の試行で行った走路選択の記憶はリセットされなければエラーをおかすことになる。ロッシら (Rossi et al., 2005) はこの課題を4ヶ月齢の若いラット7匹と26ヶ月齢の老齢ラット13匹に1日1試行、訓練した。3日間連続でエラーをせずに全部報酬をとることを学習基準として最長30日間訓練したが、老齢群の7匹は基準に達しなかった。若齢群は全員、基準に達した。また、基準

A 装置　　　　　　　　　B 正選択率

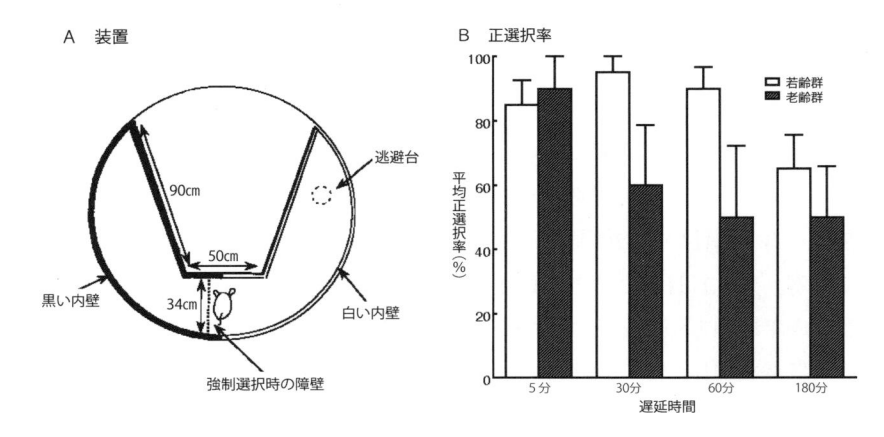

図2-11　水中U字型迷路と遅延見本合わせ課題の成績（岡市，2008）

に達するまでに要した平均訓練数は若齢群15.0試行、基準に達した老齢群19.3試行であり、老齢群の作業記憶はあきらかに若齢群より劣っていた。

　また、サルの場合と同じく、ラットでも遅延見本合わせ課題も作業記憶の測定に用いられる。岡市（2008）は水中U字型迷路を用いて作業記憶の負荷が老齢ラットの遂行に及ぼす影響を検討した（図2-11A）。この装置は水をはった円形プールにU字型の障壁をたて、障壁とプールの壁の間にU字型の空間を作ったものである。U字型空間の右または左の先端の水中に逃避台があるが、水上からは見えない。U字型の右が白、左が黒に塗り分けられている。ラットはU字型空間の底にあたる部分から出発する。1試行は強制選択と自由選択からなる。強制選択では逃避台のない方のU字型の縦部分への入り口は閉じられており、ラットは必ず逃避台に到着できる。5分から3時間の遅延の後にラットは再び装置に入れられる。このときは左右どちらにでも行ける自由選択である。先程の強制選択で行った方を選択すれば正選択であり、逃避台にたどり着ける。図2-11Bは遅延時間による正選択率の変化を示している。5分の遅延では老齢群の遂行は若

齢群と変わらないが、30分の遅延で早くも老齢群の成績は悪くなっている。これに対して若齢群の成績は60分までは悪くなっておらず、3時間経っても65％の正選択率である。この結果は、老齢ラットは作業記憶負荷が大きくなると成績が急速に低下することを示している。

第3章　生理的老化と病的老化

　加齢により脳を含む身体各部の機能が低下する結果、身体バランスや記憶、注意など、いろいろな身体・認知機能が変化する。「最近物忘れが激しくなった。認知症ではないか」と心配する人もいるが、物忘れの程度が1、2年前とそれほど違わないのであれば、それは生理的老化の範囲と考えられる。しかし、この1、2ヶ月で急速にひどくなった、というのであれば、病的老化が疑われる。

　生理的老化と病的老化の違いを端的に言えば、生理的老化は病気ではなく、40歳以降のほとんどの人に起きる。そして、物忘れと言っても出来事の一部を忘れる程度である。これに対し、病的老化は老人のうちで5％程度に起きると言われており、加齢とともにその割合は増加する。また、病的老化は進行がはやく、物忘れ以外の精神症状を伴うことが多く、ある出来事が起きたこと自体を忘れていることが多い。

第1節　正常老化

　第1章の神経細胞の変化のところで述べたように、脳部位にもよるが、正常老化ではこれまで考えられたほど細胞数は減少しない。しかし、神経線維の長さは短くなる。これはシナプスの減少につながり、最終的には情報処理のスピードや容量の減少をまねく。しかしこのような変化はすべての人に一様に起きるのではない。

1）個人差

　ヒト、サル、ラットについて加齢が記憶や学習に与える影響を見てきた。記憶を含む多くの能力は中年初期でピークに達し、50歳代後半から60歳代初期までそのレベルを保ち、その後徐々に下降し始め、70歳代後半には下降が加速する、といわれている。平均値でみれば多くの指標でだいたいこのような曲線をたどることは多くの研究が示しているし、われわれの実感でもある。しかし高齢者には、80歳を越えてもかくしゃくとして社会的にも活躍している人もいれば、60歳過ぎで元気がなくなる人もいる。個人差が大きいということが高齢者の特徴であり、これは動物にもあてはまる。

　シャイエ（Schaie, 1988）は20歳代から80歳代にわたる広範な年齢群の参加者に対して認知機能や生活基本技能に関する大規模な検査を行った。図3-1はそのうちの生活基本技能についての結果である。これは薬の瓶のラベルを読んで理解する、バスの時刻表や電話帳や新聞広告などから必要な情報を読み取る、地図を見て理解する、などの普段の生活に欠かせない基本的な技能に関するテストである。技能得点の平均値は60歳代後半

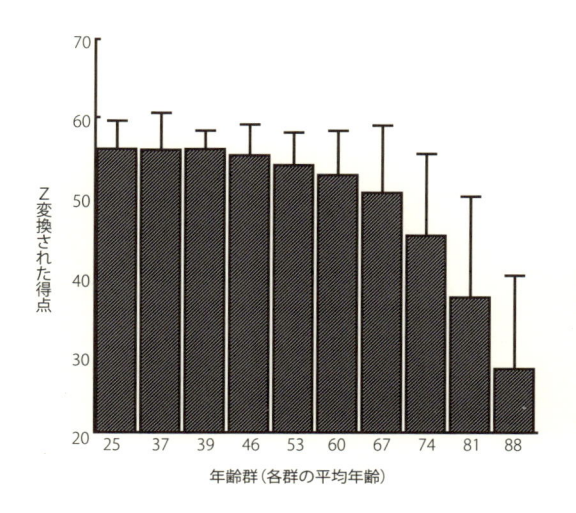

図3-1　生活基本技能の年齢による変化
　（平均値を50、標準偏差を10としたZ得点に変換した値。エラーバーは標準偏差。Schaie, 1988）

から低下が目立ち始め、年齢が進むにつれて低下の幅が大きくなっている。そして、平均値の低下に呼応するかのように標準偏差も大きくなっている。これは、群としては加齢が進むにつれて生活基本技能は低下するものの、同時に個人差が大きくなり、低下がひどい人とあまり変化しない人がでてくる、ということを示している。また、同じ研究の中でシャイエは、各検査項目について、最年少群の参加者の成績と年長群の参加者の成績がどの程度重なるかを調べている。20語からなる単語リストを提示してその直後に口頭で再生させる課題では、最年少群と最年長群ではZスコアに変換した得点で20点の開きがあった。各群の得点分布を見ると、25歳群と67歳群の間では90％以上、一番年長の88歳群との間でも50％近い得点の重なりがあり、高齢者の記憶には大きな個人差があり、若い人に匹敵する記憶力を持った人が少なくないことを示している。生活基本技能に関しては、最年少群と最年長群の得点の重なりは25％程度となり、この能力には加齢の影響がより大きいことがわかる。

　サルやラットでも、ヒトの場合と同じように老齢動物には大きな個体差が認められる。老齢ザルを使った多くの研究で老齢群には若いサルと同じ程度の成績を示す個体と大きな障害を示す個体がいることが報告されている。ラップとアマラル（Rapp & Amaral, 1991）は4匹の若いサルと10匹の老齢ザルに同じ遅延非見本合わせ課題を10秒の遅延で訓練した。すべてのサルがこの課題を獲得した後、遅延時間を15秒から10分まで延ばして記憶負荷を高め、作業記憶に与える影響を調べた。遅延時間が30秒まではどの老齢ザルも若いサルと変わらない遂行を示した。しかし、遅延時間が1分、2分、10分と長くなるにつれて7匹の老齢ザルの成績は若いサルよりも劣るようになった。しかし3匹は、最長の遅延時間でも若いサルと同じ成績であった。ラップらは、老齢ザルにみられる作業記憶障害は内側側頭葉を損傷されたサルの障害に類似していることから、加齢による作業記憶障害が海馬の障害と関係すると推察している。

ラットの場合も、加齢による空間記憶や作業記憶の障害を報告する多くの研究で、老齢群内で成績が2極分化する傾向があることを認めている。先にあげたロッシら（2005）の放射状迷路を使った実験では13匹の老齢ラットのうち4匹は20試行以内で学習基準に達し、若齢群と変わらない成績であったが、残りの9匹のうち7匹は30試行の訓練でも学習基準に達しなかった。2匹は26‐27試行で基準をクリアした。また、典型的な空間記憶を要求されるモリス型水迷路場所課題においても、老齢群内で大きな遂行の差が見られる。筆者は24匹の老齢ラットを28試行訓練した。全試行を通しての24匹の平均逃避潜時は21.9秒であった。24匹中最も速いラットの28試行の平均は12.8秒であったが最も遅いラットでは44.0秒であり、最も速いラットの3倍以上である。このように、ヒト、サル、ラットのいずれでも平均的には加齢によって衰える機能も、個体によって大きな差があることがわかる。

2）老齢動物の対処方略

さて、年をとって若い頃よりいろいろな機能が衰えたからといって、すぐに日常生活に差しつえるかというと、そうでもない。意識するとしないとにかかわらず老人、あるいは老齢動物は残った機能を活用して問題に対処するのである。

多くの人は物忘れがひどくなった、と嘆く。初めて会った人の名前、珍しい花の名前、新聞で知った最新情報など、興味を持ち、覚えておきたいと思うことでもすぐ忘れてしまう。このようなときはメモを取ることである。たとえごちゃごちゃのメモでも、それが手掛りになり、思い出すきっかけになる。第2章で述べたように、再認のほうが、まったく手掛りのないところから再生するよりはるかに易しいのである。また、荷物を1つにまとめて持つ、荷物を手元から離さない、などという単純なことも記憶負荷の軽減につながる。

メモをとれない動物はどうするか。サルも手掛りを使う、という実験結

果がある。川崎ら（1998）は老齢ザルと若いサルに遅延反応課題を訓練した。遅延なしで学習基準に達するまでに要した試行数は老齢群は80試行、若齢群は160試行と、若いサルの方が老齢ザルの2倍も多かった。これは若いサルは訓練に関係のない行動をとることが多かったためである。刺激提示から反応までの間に1秒から30秒の遅延が挿入されると、老齢でも若齢でも成績の良いサルと悪いサルに分かれた。遅延中の行動を観察すると、成績の良いサルは報酬の隠されている刺激の方に身体を向け、忘れないようにしていた。つまり、サルも手掛り行動を取れるのであり、課題に集中し、うまく手掛りを使えば、老齢ザルでも若いサルに劣らない成績を収められるのである。

　ラットの場合はどうであろうか。第2章で述べた作業記憶の実験（図2-11参照）は、場所方略、手掛り方略、反応方略のどれを使用しても解決できる課題であった（岡市、2008）。つまり、強制選択で覚えた逃避台の位置を、コンピュータ、ポスター、数ヶ所にあるランプなど、いろいろな環境刺激との関係で覚えてもよい（場所方略）。プールの内部は半分が白、半分は黒に塗り分けられていたので、強制選択で行った場所の色を覚えてもよい（手掛り方略）。また、強制選択で右へ行った、など、身体の方向で覚えてもよい（反応方略）。この課題で遅延なしで学習基準（10試行中9試行連続正選択）に達するために要した試行数は若齢群は平均10試行、老齢群は平均11試行と、差はなかった。またバーンズら（Barnes, Nadel, & Honig, 1980）も、場所・手掛り・反応のいずれの方略を使っても解決できるT迷路課題では、老齢ラットが学習基準に達するために要する訓練数は若いラットとかわらないが、老齢ラットは場所方略の使用が少なく、反応方略の使用が多い、と述べている。いろいろな解決方略が有効であり、自分の不得意でない方略が使える場合には、老齢ラットも若いラットに劣らない成績を示すのである。

　サルやラットでは加齢により空間記憶が悪くなり、それには海馬や関連

部位が関係することを繰り返し述べたが、ヒトでも同じことが言える。バーチャル・リアリティを使って、モリス型水迷路課題に類似した課題をやってもらったところ、老齢群はゴール付近を探し回る時間が若い人より少なく、環境の認知地図を作るのが困難なようである、という実験がある。ヒトでもロンドンのタクシー運転手は海馬の働きが優れている、という研究があるように、ヒトでも空間探索には海馬が関係するかもしれない。そこで、モファットら（Moffat et a., 2006）はバーチャル・リアリティを使ってヒトが空間探索をするときの脳の活性を調べた。その結果、若い人は海馬関連部位を含む広い範囲で活性が見られた。一方、高齢者は海馬関連部位の活性が低かったが、そのかわりに若い人では活性が見られなかった部位に活性が見られ、高齢者は若い人とは違う、特有の方略を使って課題を解決していることが示唆された。

3）百寿者

　日本では100歳を越えた人を百寿者とよぶ。英語ではオールディスト・オールド（oldest old）という言葉があり、だいたい95歳以上の人を指す。厚生労働省の発表では日本の百寿者は2007年9月現在で3万人を越えた。女性が85％以上を占めている。これまで述べてきたことから読者の皆さんは、個体差はあるものの、年をとるに従って心身の能力は徐々に衰える、という印象を持たれたことであろう。そうであるなら、100歳を越えるような老人の多くは、自分の身の回りのこともできず、寝たきりの人が多いのではないか、と想像されるであろう。ところが、百寿者の実態はそのような想像とは少し違うようである。

　パールズ（Perls, 1995）によれば、ほとんどのオールディスト・オールドは80代や90代前半の人々よりも精神的にも身体的にも健康で活動的であるという。彼らの多くは90歳代でも仕事を続け、社会生活も活発で、アウトドアライフや芸術を楽しんでいる。100歳でシニアオリンピックに出場する人もいれば、97歳で大学を卒業する人もいる。次節で述べるよ

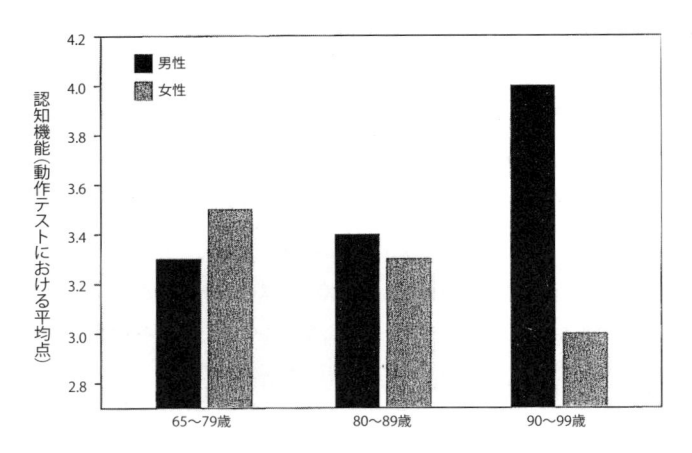

図3-2　年齢、性別による認知機能の変化
　（80歳以前では女性が男性より優れているが、加齢が進むにつれて逆転し、90歳以上の高齢では男性が著しく優れている。Perls, 1995）

うに、アルツハイマー病は加齢とともに増加するいまや典型的な老人の病気であり、100歳以上の高齢では95％がアルツハイマー病に罹患していると推定する学者もいる。しかしパールズが調査した100歳代の12名のうち、アルツハイマー病であったのは4名であり、33％であった。さらに興味深いことに、女性は男性より長寿であるが、高齢者の心身の能力を見ると、95歳以上まで生きるような人々では、男性の方が精神的にも身体的にも優れている（図3-2）。健康で90歳代の半ばまで生きてきた男性は認知機能だけでなく寿命も長いようで、100歳の人に男性が占める割合は15％であるが、105歳では40％になる。このように90歳以降で男性が心身の機能で女性より優れてくることをパールズは「性交差」とよんでいる。

　日本でも、双子の長寿者として人気者であった成田きんさん・蟹江ぎんさんの姉妹はきんさん107歳、ぎんさん108歳で死亡するまで社会と活発にかかわって元気に過ごしていた。日本の百寿者のくらしについて調査し

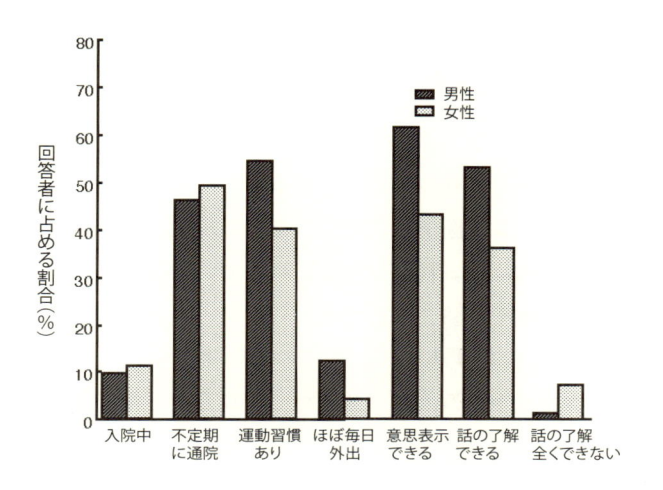

図3-3　百寿者の暮らし
（財団法人　健康・体力づくり事業団, 2001）

ている健康・体力づくり事業財団が男性500余名、女性1,200余名について調べた結果が図3-3である。この図から性交差はアメリカだけの現象ではなく日本でも同様に見られることがわかる。また、百寿者の一番長く従事した仕事は農業・林業が最も多く、40％近い人々が該当した。百寿者の一番多い都道府県は35年連続で沖縄県で、高知、島根などが続く。日本で最高齢であった泉重千代さんも沖縄の人であった。よい空気を吸い、戸外で過ごす時間が長いことも長寿には良いことなのかもしれない。

　オールディスト・オールドがこのように元気な理由はどこにあるのだろうか。パールズは多くの要素の中の1つとして長寿遺伝子というものを仮定している。幸運にも長寿遺伝子を持って生まれ、そして栄養、運動、禁煙など生活習慣に心がける人は病気にかからずに元気で百寿者になれる可能性があるのである。

第2節　アルツハイマー病

　認知症の2大原因として脳卒中とアルツハイマー病があげられる。脳卒中は脳の血管が詰まったり破裂したりすることによるものであり、血圧や血糖値のコントロールが医学的に可能になった現在、減少傾向にある。一方アルツハイマー病は、細胞が変性し死滅していく病気で、原因の究明が進みつつあるが治療や予防にはまだ道のりは遠い。アルツハイマー病の罹患率は75歳以降急上昇するので、人口の高齢化に伴い患者数の増加が著しい。現在日本では100万人、アメリカで400万人と推定されている。アルツハイマー病の患者数が増加するにつれて死亡も増加し、アメリカアルツハイマー病協会によれば2004年のアメリカでの死亡原因の第7位にあげられる。

　アルツハイマー病の最初の兆候は物忘れ程度の記憶障害に始まり、同じことを繰り返したずねる、ボンヤリしている時間が長くなる、家族の話についていけず、話題が終わったころに突然その話題について話しだす、など痴呆の初期症状を示すようになる。そして進行するにつれて自発性の低下、自分のいる場所がわからなくなる失見当識、抑鬱や突然怒りを示すなどの感情障害、家族の顔もわからなくなる失認などが現れ、幻覚、妄想、徘徊、異食などの障害を示す。早期に発症したものは進行が速く、余命が短い傾向があるが、高齢で発症した場合には進行が遅く、末期症状に至らないことも多い。

　アルツハイマー病のメカニズムがかなりわかるようになったのは最近のことである。患者の死後の脳を見ると、海馬や大脳新皮質で神経細胞が著しく減少し、脳の表面がしなびたような状態に見える。脳を切断してみると、脳の実質（神経細胞・グリア細胞と神経線維）が萎縮してスカスカの状態になり、その分、脳室が拡大している。脳内に現れる主な病変は老人斑とアルツハイマー神経原線維変化である。どちらもタンパク質の正常な

生理的老化と病的老化

処理ができなくなり、毒性のあるタンパクが細胞の内外に蓄積されたものである。老人斑は有害で難溶性のアミロイドβタンパクが細胞外に蓄積されたものである。このアミロイドβタンパクの塊のまわりには変性した樹状突起とミクログリアが見られる。神経原線維変化はリン酸化されたタウタンパクが2本、対をなしてラセン状にねじれたものであり、神経細胞内に蓄積する。

この2つの病変はアルツハイマー病の発症とどのような関係にあるのだろうか。現在の最新の研究では、まず細胞外にアミロイドβタンパクの蓄積がはじまるという。この段階ではまだ痴呆症状は発現しない。老人斑が出現し始めてから10年か20年もたってから神経細胞の中に神経原線維変化がはじまると考えられている。新皮質や海馬といった記憶や行動の制御に重要な部位に神経原線維変化が大量にたまることにより、痴呆症状が発現するのではないかと思われている。例えば、50歳くらいから老人斑が蓄積し始めた場合、60歳半ばくらいから神経原線維変化がはじまり、細胞が死滅し始めて、80歳くらいでアルツハイマー病を発症する、という時間経過をたどるようである。

アルツハイマー病には遺伝的要因が関係する。血液中でコレステロールを運んだり、細胞を修復したりするタンパクにアポリポタンパクE（APOE）というものがある。APOEにはε2、ε3、ε4という3つの遺伝子型がある。このうちのε4型を持っているとアルツハイマー病を発症する確率が高くなり、患者の40%がε4型だという研究もある。

たしかに神経原線維変化の数はアルツハイマー病の発症に強い関係があるようである。しかし、ここでも個人差が大きい。103歳の男性で死後の脳を調べたところ大量の神経原線維変化が認められたが、生前の活動には認知症を疑わせるものはなかった、という例もある。ヒトの脳にはダメージを補償する予備機能があると思われる。予備機能を発揮できるかどうかは、次章であげる要因が関係すると思われる。

第4章　元気に老いるために

　これまで繰り返し述べてきたように、平均値でみれば加齢に伴っていろいろな機能が低下する。しかし、大きな個人差が存在するということは、若いころからの運動、食事、日常の生活習慣、心理的要因などが年をとってからの生活の質に大きな役割を果たすことを示唆する。最後の章では、どのようなライフスタイルがサクセスフル・エイジングをもたらすかを見てみよう。

第1節　運動と知的刺激

　機械などを長く使わずに放置しておくと錆びついてしまい、ずっと使い続けたものよりも早くだめになるように、アタマとカラダも適度に使い続けないと早くだめになる。なぜ運動がよい効果をもたらすかというと、1つには体を動かすことにより、筋肉からの情報が脳に行き、脳を刺激するためである。身体の運動だけでなく、硬いものを噛むと咀嚼のために使われる口やあごの筋肉からの情報が脳を刺激するという研究もある。自分の歯が無くなってしまっては硬いものを噛むのは辛い。80歳になっても20本の歯を確保しようという政府の推奨の1つの理由がここにある。また、運動によりいわゆる善玉コレステロールが増加する、運動ストレスにより各種の適応ホルモンが分泌される、などの効果もある。このような効果を得るためには1週間に5キロ以上のジョギング、または15キロ以上の速歩が必要だと言われるが、壮年期まではこれくらいの運動ができても、老

年期の人が急に激しい運動をしたのでは「年寄りの冷や水」といわれるように逆効果である。

　老年期の体力維持には、手軽にどこででもできる軽度から中程度の運動を定期的・継続的に行うことが呼吸・循環器機能、筋・骨格・関節、神経系、免疫などによい影響を与えるようである。木村ら（1991）の60歳から89歳の人々を対象とした研究によると、散歩・庭木いじり・ゲートボール・体操・ハイキングなどの運動をしている人は何もしない人よりも体力があり、頻度は多いに越したことはないが、それよりも現在何かをしている、ということが体力の低下を防止するために有効だと結論している。また、過去に運動の習慣のない病気を持つ老人でも、週3回の軽度から中程度の運動プログラムに12週間参加することで、全身持久性、筋力、柔軟性、敏捷性などが改善されたという（山内ら、2003）。

　喫煙・運動と自立した生活が送れる余命の関係を調べた高齢者の疫学的研究がある。フェルッチら（Ferrucci et al., 1999）は、自立した生活を送っている65歳以上の人8,604名を対象に喫煙状況と運動状況を調査し、その後6年間追跡調査を行った。自立した生活とは、部屋の中を歩き回れる、自分で入浴や食事ができる、などの生活である。表4-1に示したように、タバコを吸わず、定期的に運動するとより長く健康な生活が送れる。喫煙をし、運動をしない人とタバコを吸わず多く運動する人の元気でいられる余命の差は7年もあるのである。

表4-1　運動と喫煙が健康余命に与える影響
（65歳から、あと何年自立して生きられるかをライフスタイルとの関係で予測したもの。Ferrucci et al., 1999）

	運動量		
	少	中	多
喫煙者	10.3年	11.6年	14.1年
禁煙者	11.9年	15.3年	17.3年

運動は気分とも関係する。平均年齢80歳の中国人2,000名あまりを3年間、追跡調査した研究では、運動が多く、毎日魚を食べ、アルコールを少しのみ、タバコを吸わない人は、そのようなライフスタイルでない人に比べてその期間中に死亡した人が少なかった（Woo et al., 2002）。また、運動が多く、少量のアルコールを飲む人は抑鬱傾向が少なかった。運動が週に1回未満の人は抑鬱傾向が大きく、過度の飲酒を続けることも抑鬱傾向をもたらす。

知的刺激も老化防止に大切である。俳句を作ったり絵を描いたりする創作活動、美術や音楽などの芸術鑑賞、料理を作る、囲碁や将棋のようなゲームは前頭連合野の働きを高める。前頭葉は知能、意志、認知、判断、創造など、最も人間らしい機能をつかさどる場所である。25歳から74歳までの1万人以上のスウェーデン人を調査し、その14年後に再調査した研究では、映画・コンサート・美術館などにでかけたり、読書をしたりする人の死亡率がそうでない人よりも低かった。教会へ行くことやスポーツ観戦は、死亡率とは関係がなかったそうである（Konlaan et al., 2000）。

脳への刺激との関係で最近注目を浴びているのが環境刺激の効果である。主にラットやマウスを大きなケージに10匹程度の仲間と一緒に入れ、隠れたり遊んだりするおもちゃをいくつかケージに入れる。これが豊かな環境群である。貧しい環境群では、小さいケージに1匹だけ入れられている。おもちゃも仲間もない。このような環境で4週間から8週間育てると、豊かな環境で育てられた動物は大脳新皮質がより重く、迷路学習の成績も貧しい環境動物より良くなる。図4－1は筆者らの研究室で行ったラットの実験結果である。8週間の飼育の後、モリス型水迷路場所課題の学習をさせたところ、豊かな環境で育ったラットの方が速く逃避台にたどり着くことができた。また、豊かな環境で育ったラットはLTP（第2章を参照のこと）の電位変化が貧しい環境ラットの2倍も大きかったという報告もある。運動とともに知的刺激が健康な老後の暮らしに大切だと述べたが、そ

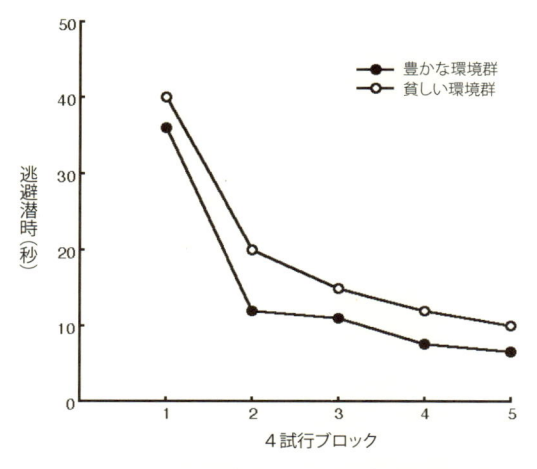

図4-1　環境がモリス型水迷路場所課題の遂行に与える影響

の生理学的背景にはラットの実験で見られるような脳の変化があるのかもしれない。

第2節 食事

若いときには大食自慢で焼き肉が大好きだった人も、年とともに和食党になり、ひさしぶりの会食は懐石料理で、ということになりがちである。世界的に日本食ブームで日本人が長生きなのは伝統的な食事のせい、とか年をとったら肉類は控えめに、などという声も聞こえるが、心理学の実験結果ではどうであろうか。

1）食事量

昔から腹八分目に医者いらず、と言われている。実際、ラットを使った実験では餌の量を制限すると長生きすることが知られている。

多くの研究が、自由に好きなだけ食べているラットの80％から60％に

餌の量を制限されたラットは寿命が延び、加齢に伴って発生する腫瘍や免疫力の低下などの生理的な障害が軽減されることを報告している。柳井ら（Yanai et al., 2004）は、2.5ヶ月齢から自由摂食ラットの40％という強い食餌制限を受けて育てられたラットに、数ヶ月ごとにモリス型水迷路場所課題を行った。食餌制限ラットの体重はほぼ300グラムを保ち、自由摂食ラットがもっとも重いときには平均800グラムを越えたのに対して半分以下であった。しかし、24ヶ月齢での生存率を見ると自由摂食ラットは38％、制限ラットは88％と大きな差があり、また、制限ラットは腫瘍の発生など加齢に伴ってみられる疾病の発症もなかった。このように、強い食餌制限を受けたラットは寿命や身体的機能の面では自由摂食のラットよりもすぐれていたが、年を取るに従ってモリス型水迷路の成績が自由摂食のラットよりも悪くなった。また、24から27ヶ月齢に達したとき、水中で場所弁別課題を行わせた。これは水面上に見かけが同じ2つの逃避台が見えており、そのうちの1つだけがラットが上がることができる真の逃避台で常に同じ場所に置かれている。他の1つは台に上れない偽の逃避台で、試行ごとに置かれる場所が変わる。ラットは逃避台が真か偽かを逃避台の位置から判断しなければならないので、空間認知を必要とする。図4-2に見られるように、食餌制限ラットはいつまでたっても真と偽の逃避台を見分けることができず、空間認知障害を示したが、自由摂食ラットは訓練により90％以上の正選択率を示すようになった（ブドウ糖注射を受けた食餌制限ラットについては後で述べる）。柳井らの実験は、あまり強い食事制限は身体的にはメリットがあっても、認知能力には悪い影響があることを示している。

　ヒトでも、バランスの取れた低カロリー食によって寿命が延び、健康な状態を長く維持できることが期待される。しかしそのためには、ラットの場合と同じ程度、つまり70％から80％のカロリー制限を何年にもわたって続けなければいけない。ケージに閉じこめられているラットと違い、お

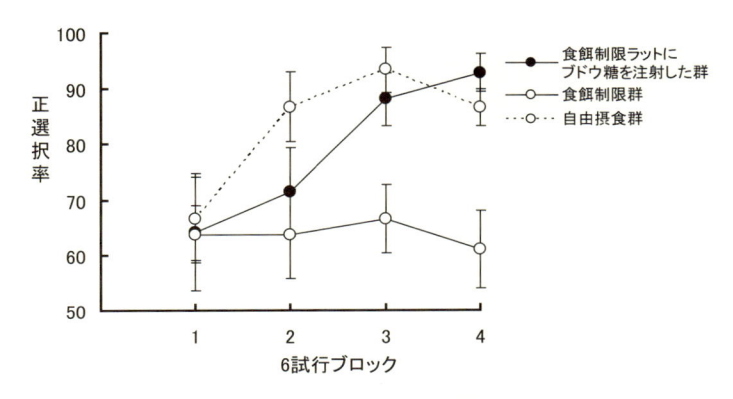

図4-2　強度の食餌制限による学習障害とブドウ糖投与による障害緩和（Yanai et al., 2004）

いしいものに囲まれて生活し、自由にそれらが摂取できる人にとって、これは大変な苦行であろう。そこで、カロリー制限をするのと同じ効果を持つ薬の開発が試みられている。いくつかの有望な候補はあるようだが、現在のところはまだ、実用化はしておらず、当面は理性に頼って食べ過ぎないように意識的に注意するより仕方がないようである。

2）多価不飽和脂肪酸

　新聞の医学記事はコレステロールのとり過ぎに注意を促す。コレステロールは脂肪の一種で、鶏・ブタ・サカナの肝臓や卵に多く含まれている。たしかに、血中コレステロール値の高い人は心筋梗塞など心臓血管系の病気になるリスクが高い。1992年にアメリカ農務省は何を食べればよいかという指針を出して、脂肪や油はできるだけ控えるように呼びかけた。しかし、現在ではすべての脂肪が身体に悪い、という考えは否定されている。

　脂肪は細胞膜や神経組織の構成成分として生体にとって非常に重要な物質であり、特に脳では水分以外の成分の60％が脂肪である。脂肪酸は脂肪の構成成分であり、炭素の二重結合を持たない飽和脂肪酸、二重結合が

1つある一価不飽和脂肪酸、2つ以上ある多価不飽和脂肪酸に分けられる。今、脳の働きの面から注目されているのが多価不飽和脂肪酸、なかでもアラキドン酸とドコサヘキサエン酸（DHA）である。これらの脂肪酸は細胞膜の主要構成成分として膜の流動性に関与し、また、体内の代謝過程でいろいろな機能を果たす。アラキドン酸はリノール酸（紅花油、ごま油などに含まれる）から、DHAはαリノレン酸（しそ油、えごま油などに含まれる）から体内で合成されるが、加齢に伴い生合成に関与する酵素の働きが低下するため不足がちになる。

　老齢ラットにモリス型水迷路を学習させると、大きな個体差が見られると第3章第1節で述べた。成績の良い老齢ラットと悪い老齢ラットの脳の細胞膜に含まれるアラキドン酸濃度を調べると、どちらも若いラットに比べて低下しているものの、成績の悪い老齢ラットの膜アラキドン酸濃度は良い成績の老齢ラットの濃度より低い傾向があったという報告がある。また別の研究では、海馬LTPとの関係を調べ、LTPを起こさなかった老齢ラットの膜アラキドン酸は若いラットと同じようにLTPを起こした老齢ラットに比べて低かったという結果を得ている。

　そこで筆者ら（Okaichi et al., 2005）は、老齢ラットにアラキドン酸を添加した餌を食べさせ、空間認知が改善されるかどうかを調べた。19ヶ月齢のラットにアラキドン酸添加餌を8週間食べさせ、モリス型水迷路学習を行わせたところ、アラキドン酸添加餌を食べた老齢ラットはアラキドン酸の含まれない餌を食べた老齢ラットに比べて逃避潜時が短く、プローブテストでも訓練された領域をより長く探し回った。また、小谷ら（Kotani et al., 2003）は、3ヶ月間アラキドン酸添加餌を食べた老齢ラット、同年齢のアラキドン酸を含まない餌を食べた群、若い通常餌を食べたラットの3群のLTPを測定した（図2-9）。アラキドン酸添加老齢群のLTPはアラキドン酸非添加老齢群よりも大きなLTPを維持しており、若齢群との間に統計的な差はなかった。これらの実験結果は、アラキドン酸添加食

が加齢性の認知機能の低下を緩和することを示唆する。

　それではアラキドン酸を大量に摂取すればよいのか、というとそうでもない。最近アメリカでは脳の機能を改善するものとしてDHAへの関心が高まっていて、DHAが多く含まれる魚油を摂取する人が増えている。DHAもアラキドン酸も多価不飽和脂肪酸であるが、前者はn-3、後者はn-6という系に属しており、脳内でバランスを保って働いている。軽度の認知症患者にアラキドン酸とDHAの両方を含むサプリメントを90日間投与したところ、短期記憶と注意に改善が見られたという報告もある。認知機能の改善のためにはDHAやアラキドン酸の絶対量だけでなく、両方の脂肪酸をバランスよく取ることが望ましい。

3）ブドウ糖

　疲れたとき、一口の甘いお菓子はホッとした気分をもたらすと同時に脳を活性化するような気がする。お菓子の原料の砂糖はブドウ糖と果糖からできている。このうちブドウ糖だけが脳内に取り込まれて脳のエネルギーになるとともに、学習と関係があると言われているアセチルコリンという神経伝達物質のもとになる。ブドウ糖投与により認知機能が改善されることがヒトとラットで報告されている。

　ヒトでの実験は空腹時になされることが多い。健常老人と若い成人の実験参加者にブドウ糖50グラムまたは人工甘味料であるサッカリン入りの飲料を飲ませて、記憶テストをすると言わずに単語リストを見せ、しばらくしてから自由再生させた実験がある。成年群ではブドウ糖を飲んだときとサッカリンを飲んだときの成績の差はなかったが、老齢群ではサッカリンのときに比べてブドウ糖を飲んだときの方がたくさんの単語を再生できた。また、中程度から高度のアルツハイマー病患者にブドウ糖75グラムまたはサッカリン入り飲料を飲ませた実験では、文章を聞かせた後すぐに再生させる課題、20枚の顔写真を見せた後でその写真リストの中にあった顔かどうかを判別させる再認課題、自分のいる場所や時間などについて

質問する認識課題などで、ブドウ糖を飲んだときの方がサッカリンよりも良い成績をあげた。

ラットの実験では加齢または薬物による空間認知障害がブドウ糖注射で改善されたという報告がたくさんある。筆者らの研究室で、アセチルコリンの受容体を阻害して空間認知障害を起こさせたラットに500ミリグラム／キログラムのブドウ糖を注射してモリス型水迷路場所課題を学習させたところ、同量の生理食塩水を注射されたラットよりもよい成績を示した。また、先に紹介した柳井らの実験（2004）でも、厳しい食餌制限を受けて空間認知能力が衰えているラットに500ミリグラム／キログラムのブドウ糖を注射したところ（図4-2）、自由摂食群と変わらない成績を示した。

これらの実験から、ブドウ糖の摂取が認知能力を改善することが期待される。そして、この改善効果の背後にはアセチルコリンが関係していることが示唆される。あらかじめブドウ糖を投与しておき、課題を遂行させるラットと何もしていないラットからアセチルコリンを採取した実験がある。課題遂行中のラットのアセチルコリンは増加したが、何もしていなかったラットのアセチルコリンは増加しなかった。この結果は、アセチルコリンの合成が必要なときにその原料となるブドウ糖を与えると、アセチルコリンの量が増え、成績が良くなることを示唆する。受験勉強をした後はアメを1つ食べてから寝ると良いかもしれない。

第3節　結び

日経新聞2008年1月9日付けの記事に「タバコを吸わない、飲酒はほどほどに、野菜・果物は十分に、適度な運動をする」という4つの習慣のある人はそうでない人よりも14年長く生きられる、というケンブリッジ大学の研究結果が掲載された。また、同新聞の同年2月6日には「友人や家族など社会的結びつきが弱い人は強い人に比べて脳卒中で死亡するリス

クが1.5倍になる」という厚生労働省の研究結果が発表された。これらの結果はいずれも従来からなされてきたたくさんの研究ですでに言われてきたことであるが、はっきりと分かりやすい言葉で国民に伝えたことに意味があると思う。

　社会的結びつきの点から言えば、年をとっても積極的に社会参加をすることが大切である。社会参加は難しいことではなく、趣味の会や地域のグループなどに所属すること、あるいは家から出て近所の人とおしゃべりするのも社会参加の1つの形である。高齢者には機能の衰えから来る自分自身への不満、親しい人の死とその結果としての孤立など、若いころとは異なるストレスが多い。どのような形であれ人とのつながりを保っていると、ストレス軽減につながる。女性が一般に男性より長寿なのはおしゃべりの効用も少なくない。

　生理心理学から言えば、脳の老化を防ぐためにはあらゆる種類の刺激を減らさないようにすることである。運動を続けることはその1つである。近所の清掃活動なども身体運動であると同時に人と触れ合い、また、うわさ話を仕入れるチャンスにもなる。これらの他愛ないともみえる日常生活の行動パターンが「元気に老いる」ことにつながるのである。

文　献

Barnes, C. A., Nadel, L., & Honig, W. K. (1980) Spatial memory deficit in senescent rats. *Canadian Journal of Psychology*, 34, 29-39.

Broadbent, D. E., & Gregory, M. (1965) Some confirmatory results on age differences in memory for simultaneous stimulation. *British Journal of Psychology*, 56, 77-80.

Castel, A. (2005) Memory for grocery prices in younger and older adults: The role of schematic support. *Psychology and Aging*, 20, 718-721.

Ferrucci, L., Izmirlian, G., Leveille, S., Phillips, C. L., Corti, M., Brock, D. B., & Guralnik, J. M. (1999) Smoking, physical activity, and active life expectancy. *American Journal of Epidemiology*, 149, 645-653.

Geinisman, Y. (1999) Age-related decline in memory function: is it associated with a loss of synapses? *Neurobiology of Aging*, 20, 353-356.

Herndon, J. G., Moss, M. B., Rosene, D. L., & Killiany, R. J. (1997) Patterns of cognitive decline in aged rhesus monkeys. *Behavioural Brain Research*, 87, 25-34.

糸魚川直祐（1982）　ニホンザルの老化と行動、民俗学研究　47、376-389.

今岡薫・村瀬仁・福原美穂（1997）　重心動揺検査における健常者データの集計　平衡神経科学　Supplement 12、1-84.

川崎勝義・久保南海子・土田順子（1998）　高次認知機能モデル研究における行動観察の有用性　霊長類研究　14、103-107.

Kensinger, E. A., Piguet, O., Krendl, A. C., & Corkin, S. (2005) Memory for contextual details: Effects of emotion and aging. *Psychology and Aging*, 20, 241-250.

木村みさか・森本好子・寺田光世（1991）　都市在住高齢者の運動習慣と体力診断バッテリーテストによる体力　体力科学　40、455-464.

Konlaan, B. B., Bygren, L. O., & Johansson, S. E. (2000) Visiting the cinema, concerts, museums or art exhibitions as determinant of survival: a Swedish fourteen-year cohort follow-up. *Scandinavian Journal of Public Health*, 28,

174-178.

Kotani, S., Nakazawa, H., Tokimasa, T., Akimoto, K., Kawashima, H., Toyoda-Ono, Y., Kiso, Y., & Okaichi, H. (2003) Synaptic plasticity preserved with arachidonic acid diet in aged rats. *Neuroscience Research*, 46, 453-461.

久保南海子（2000）　老齢ザルを用いた認知機能研究の動向と方向性　動物心理学研究 50、131-140.

Marner, L., Nyengaard, J. R., Tang, Y., & Pakkenberg, B. (2003) Marked loss of myelinated nerve fibers in the human brain with age. *Journal of Comparative Neurology*, 462, 139-143.

Moffat, S. D., Elkins, W., & Resnick, S. M. (2006) Age differences in the neural systems supporting human allocentric spatial navigation. *Neurobiology of Aging,* 27, 965-972.

岡市洋子（2002）　ラットの空間行動と海馬　動物心理学研究　52、89-96.

岡市洋子（2008）　海馬機能の発達　渡辺茂・岡市広成（編）比較海馬学　ナカニシヤ．

Okaichi, Y., Ishikura, Y., Akimoto, K., Kawashima, H., Toyoda-Ono, Y., Kiso, Y., & Okaichi, H. (2005) Arachidonic acid improves aged rats' spatial cognition. *Physiology & Behavior,* 84, 617-623.

Pakkenberg, B., Pelvig, D., Marner, L., Bundgaard, M. J., Gundersen, H. J. G., Nyengaard, J. R., & Regeur, L. (2003) Aging and the human neocortex. *Experimental Gerontology,* 38, 95-99.

Park, D. C., Royal, D., Dudley, W., & Morrel, R. (1988) Forgetting of pictures over a long retention interval in young and older adults. *Psychology of Aging*, 3, 94-95.

Perls, T. T. (1995) The oldest old. *Scientific American,* 272, 1, 70-75.

（パールズ T. T.　相原優子・水谷俊雄（訳）（2004）　健康な百歳老人の謎　別冊日経サイエンス　エイジング研究の最前線　日経サイエンス社）

Rapp, P. R., & Amaral, D. G. (1989) Evidence for task-dependent memory dysfunction in the aged monkey. *The Journal of Neuroscience*, 9, 3568-3576.

Rapp, P. R., & Amaral, D. G. (1991) Recognition memory deficits in a subpopulation of aged monkeys resemble the effects of medial temporal lobe damage.

Neurobiology of Aging, 12, 481-486.

Rapp, P. R., & Gallagher, M. (1996) Preserved neuron number in the hippocampus of aged rats with spatial learning deficits. *Proceedings of the National Academy of Sciences U.S.A.*, 93, 9926-9930.

Roffwarg, H. P., Muzio, J. N., & Dement, W. C. (1966) Ontogenetic development of the human sleep-dream cycle. *Science,* 152, 604-619.

Rossi, M. A., Mash, D. C., & deToledo-Morrell, L. (2005) Spatial memory in aged rats is related to PKC γ -dependent G-protein coupling of the M1 receptor. *Neurobiology of Aging,* 26, 53-68.

Schaie, K. W. (1988) Variability in cognitive function in the elderly: Implications for societal participation. *Basic Life Science,* 43, 191-211.

Schonfield, D., & Robertson, B. (1966) Memory storage and aging. *Canadian Journal of Psychology,* 20, 228-236.

Sekuler, R., McLaughlin, C., Kahana, M. J., Wingfield, A., & Yotsumoto, Y. (2006) Short-term visual recognition and temporal order memory are both well-preserved in aging. *Psychology and Aging,* 21, 632-637.

Selkoe, D. J. (1992) Aging brain, aging mind. *Scientific American,* 267, 3, 97-103.

(セルコー D. J. 石浦章一 (訳) (1993) 脳の老化と心の老化 別冊日経サイエンス 脳と心 日経サイエンス社)

Shukitt-Hale, B., Casadesus, G., Cantuti-Castelvetri, I., & Joseph, J. A. (2001) Effect of age on object exploration, habituation, and response to spatial and nonspatial change. *Behavioral Neuroscience,* 115, 1059-1064.

時任真一郎・西平賀昭・八田有洋・秋山幸代・和坂俊昭・金田健史・麓正樹 (2001) 前期高齢者の反応時間低下のメカニズムに関する研究—課題遂行による差異から— 体力科学 50、303-312.

和田博美・村田和香 (2001) 高齢者の時間感覚に関する研究—高齢者は時間経過をどのように感じるか— 高齢者問題研究 17、79-85.

渡邊正孝 (1994) 記憶・学習行動と脳 岩波講座認知科学5 記憶と学習 岩波書店 pp. 56-57.

West, M. J. (1993) Regionally specific loss of neurons in the aging human hippocampus. *Neurobiology of Aging,* 14, 287-293.

West, M. J., Coleman, P. D., Flood, D. G., & Troncoso, J. C. (1994) Differences in the pattern of hippocampal neuronal loss in normal ageing and Alzheimer's disease. *Lancet,* 344, 769-772.

Wiig, E. H., Nielsen, N. P., & Jacobson, J. M. (2007) A quick test of cognitive speed: Patterns of age groups 15 to 95 years. *Perceptual and Motor Skills,* 104, 1067-1075.

Wingfield, A., Lindfield, K. C., & Kahana, M. J. (1998) Adult age differences in the temporal characteristics of category free recall. *Psychology and Aging,* 13, 256-266.

Woo, J., Ho, S. C., & Yu, A. L. (2002) Lifestyle factors and health outcomes in elderly Hong Kong Chinese aged 70 years and over. *Gerontology,* 48, 234-240.

山内知子・山田忠樹・Islam, M. M.・岡田暁宜・高橋龍尚・竹島伸生 (2003) 高齢有疾病者の総合的体力に対する well-rounded exercise program の有効性 体力科学 52、513-524.

Yanai, S., Okaichi, Y., & Okaichi, H. (2004) Long-term dietary restriction causes negative effects on cognitive functions in rats. *Neurobiology of Aging,* 25, 325-332.

あとがき

　老齢者というとき統計などでは65歳以上を指すことが多い。しかし、多くの人は40歳を過ぎるころから、加齢を感じるようになるようである。不老長寿ということは現代の科学では不可能なので、長寿を保つということは老いるということである。つまり、生きているということは老いるということなのである。生きて行き着くところは老衰か、と考えると誰もが暗澹としてしまうが、逆に、老いるということは生きている証なのだ、と考えることもできる。そうすると、いかに老いるか、ということが重要になってくる。

　筆者は動物心理学者として、主にラットを対象として生涯発達の観点から老齢動物を扱ってきた。そして、いつも驚かされるのは、いかにラットとヒトは似ているか、ということである。加齢による身体的変化、意欲や学習能力の変化、さらには加齢とともに大きくなる個体差という点でもラットとヒトは同じである。また、年をとった動物は課題解決方略を変えることにより衰えた能力をカバーする、という点もヒトの行動と似ている。

　このようなことを考えると、ヒトがよりよい老年期を迎えるために実験心理学からも提言ができそうだ、と考え、本誌を執筆した。そして、書き進むにつれて見えてきた道は、ヒトを専門に研究する老年学者の提言とおおむね重なる、という結果となった。本誌の読者には、よりよい老年期について考えると同時に、動物心理学についても思いをはせていただきたい、というのが筆者の願いである。

岡市洋子

【著者略歴】

岡市　洋子　おかいち　ようこ

1992年　同志社大学文学研究科心理学専攻博士課程前期課程修了
1998年　同志社大学文学研究科心理学専攻博士課程後期課程修了
　　　　博士（心理学）
1999年　同志社大学文学部嘱託講師　（2008年3月現在）

専門
生理心理学

主著
「行動の生理心理学」（ソフィア　共著）
「心理学概論」（ナカニシヤ　共著）
「比較海馬学」（ナカニシヤ　共著）

行動科学ブックレット4
元気に老いる　実験心理学の立場から

2008年4月15日　第1版 第1刷

編　者　日本行動科学学会
著　者　岡市洋子
発行者　吉田三郎
発行所　(有)二瓶社
　　　　〒558-0023　大阪市住吉区山之内2-7-1
　　　　TEL 06-6693-4177　FAX 06-6693-4176
印刷所　亜細亜印刷株式会社

ISBN 978-4-86108-048-7 C3011